U0616166

汽车发动机电控系统
故障诊断与排除

主　编　魏　强　　杨晓明　　温立全

副主编　吴继坚　　张富增

参　编　韩东阳　　袁　洪

主　审　郭仲伦　　王朝武

西南交通大学出版社

·成　都·

内容简介

　　《汽车发动机电控系统故障诊断与排除》是汽车技术服务与营销专业系列教材之一。本书是根据汽车技术服务与营销专业所面向的主要就业岗位调查，组织召开专家论证会，提取典型工作任务，选取了发动机电控系统结构与认知、发动机电控点火系统、发动机电控燃油喷射系统、发动机进气控制系统、发动机冷却系统中常见的故障现象而制定的典型学习任务，构建了"汽车发动机电控系统故障诊断与排除"课程。目的是培养汽车技术服务与营销专业学生胜任汽车后市场服务企业对发动机的维修和诊断能力。

　　本书所涉典型学习任务模拟企业现场工作情境，以学校场地设备为依托，以原厂自学手册和维修手册为指导来设计教学任务，内容新颖全面、图文并茂、通俗易懂、易学好教。本书既可作为职业院校汽车技术服务与营销专业学生的教学用书，也可供广大汽车维修从业人员学习参考和职业技能培训应试辅导。

图书在版编目（CIP）数据

汽车发动机电控系统故障诊断与排除／魏强，杨晓明，温立全主编. —成都：西南交通大学出版社，2018.4（2025.7 重印）
ISBN 978-7-5643-6129-7

Ⅰ.①汽… Ⅱ.①魏… ②杨… ③温… Ⅲ.①汽车 –发动机 – 电子系统 – 控制系统 – 故障诊断 – 高等职业教育 – 教材②汽车 – 发动机 – 电子系统 – 控制系统 – 车辆修理 – 高等职业教育 – 教材 Ⅳ.①U472.43

中国版本图书馆 CIP 数据核字（2018）第 068723 号

汽车发动机电控系统故障诊断与排除

主编　魏　强　杨晓明　温立全

责任编辑	李　伟
特邀编辑	傅莉萍
封面设计	墨创文化
	西南交通大学出版社
出版发行	（四川省成都市二环路北一段 111 号 西南交通大学创新大厦 21 楼）
发行部电话	028-87600564　028-87600533
邮政编码	610031
网址	https://www.xnjdcbs.com
印刷	成都勤德印务有限公司
成品尺寸	210 mm×285 mm
印张	10
字数	301 千
版次	2018 年 4 月第 1 版
印次	2025 年 7 月第 2 次
书号	ISBN 978-7-5643-6129-7
定价	25.00 元

深圳第二高级技工学校

工学一体化课程配套改革系列教材丛书编委会

主任　张　文　　余野军　　罗德超

编委　郭仲伦　马　跃　　王朝武　　周　烨

　　　　郭　伟　陈　群　　尚　丽　　陈飞健

　　　　闵国光　郑庆元　　梁　健　　张雅婷

前　言

　　"汽车发动机电控系统故障诊断与排除"是汽车技术服务与营销专业的一门实践性很强的专业必修课。本书实用性强，融入了职业院校汽车技术服务与营销专业的一体化改革的成果，结合了当前汽车维修行业的生产实际，且有较强的针对性。本书较好地贯彻了素质教育的思想，力求体现以人为本的现代理念，从汽车维修行业岗位群的知识和技能要求出发，结合学生创新能力的培养和职业道德方面的要求，提出教学目标并组织教学内容。

　　本书引入学习领域先进课程理念，创设一体化学习与工作情境，以任务驱动为主线，实现行动导向典型任务学习，促进学生综合职业能力的发展。工作页和学习材料对学生完成学习活动、培养综合职业能力具有重要作用，是帮助学生实现有效学习的重要工具，其核心特征是：学会学习，学会工作。

　　本书中的工作页和学习材料都源于典型工作任务的学习任务，学习材料用于支撑学生完成学习过程和学习思考，通过体系化的引导问题，指导学生在完整的活动中进行理论实践一体化的学习，在培养专业能力的同时，帮助学生学习工作过程知识，促进关键能力和综合素质的提高，实现工学一体化教学目标。

　　本书所整理、编写的学习任务都是来自汽车维修企业一线的维修案例，以企业生产实际为向导，设置学时不同的学习活动。学习活动的设置遵循学习目标、学习准备、学习过程、学习评价、学习思考和学习材料6个环节，通过多元化的成果展示方式，对学习过程和结果，对学生的专业能力、方法能力和职业素养进行有效评价，引导学生形成工作的逻辑思路，增进汽车维修的感性认知。这些学习任务中所使用的工作页将学习与工作紧密结合，以"学习的内容是工作，通过工作实现学习"为宗旨，促进了学习过程的系统化，使教学内容更贴近企业生产实际。本书突出了工作页和学习材料对学生实操过程的指导作用，并具体标明工作过程的关键步骤，培养学生团队合作的同时，又可以独立完成大部分任务。学生可以从明确目标到学习准备，借助学习材料完成学习过程，评价学习成果并进行课后思考，执行整理、整顿、清洁、清扫、素养、安全及节约的7S过程化管理理念，训练专业能力的同时，侧重职业习惯的培养。在学习工作过程中，学生记录、填写的所有内容都应该是从工作操作中实际获取的数据、相关诊断分析思路及其结果，或者是工作操作过程中应该特别注意的或应该特别明确的知识点。学习评价采用科学的职业能力评价参数，既有技术方面的评价，也有综合技能的考核；既有专业能力和方法能力的评价，也有职业素养的评价；既有个人的自我总结，也有小组的相互点评。采用多元化、多样式、开放性的评价方式，全面考查学生的综合能力。课后的评价是让学生总结自己在完成本工作任务之后取得哪些收获，掌握了哪些技能，有哪些体会及经验、教训，是否达到了预先制定的工作目标。这样，可以让学生养成事后总结的习惯，有利于锻炼和提高学生的写作水平和展示能力。

本书由深圳第二高级技工学校魏强、杨晓明、温立全担任主编，吴继坚、张富增担任副主编，韩东阳、袁洪参与编写了部分内容，张明敏负责资料的整理，深圳第二高级技工学校教务处郭仲伦教授、汽车技术系王朝武主任担任本书的主审。

在本书编写过程中，编者得到了深圳市汽车维修行业多位资深专家、高级技师的悉心指导，汽车技术系的多位老师对本书的编写也给予了热情的帮助与大力支持，在此一并表示衷心的感谢。

限于编者的经历与水平，本书内容很难覆盖所有车型及实际情况，难免有不妥或疏漏之处，敬请各教学单位、广大读者批评指正，提出修改意见和建议，以便再版修订时改正。

编　者

2018 年 1 月

目　录

学习任务一 发动机电控系统结构与认知学习任务设计方案

专业名称	汽车技术服务与营销	一体化课程名称	汽车发动机电控系统故障诊断与排除
学习任务	发动机电控系统结构与认知	建议学时	12
工作情境描述	王先生在开车途中，发现仪表板上有一个类似发动机图案的黄色指示灯突然亮了，现车辆进厂维修，技术人员初步诊断为发动机系统故障。作为未来的维修人员，我们将会按照维修工作单和车间作业流程，在老师的指引下，按照维修手册的要求，对本故障进行规范拆检，制订维修方案，确定故障部位，排除故障，恢复车辆性能并最终检验合格后交付前台		
学习任务描述	在老师的指导下确认发动机故障指示灯亮的故障现象，接受任务后学习发动机电控系统的结构组成及工作原理，完成相关工作页的填写，认知电控系统元器件，确定安装位置，并粘贴对应名称标签，制订维修方案，排除故障并竣工检验合格，交付车辆后进行总结、评价		
与其他学习任务的关系	在汽车维护保养学习任务中，在了解汽车发动机基本结构的基础上完成本学习任务，通过本学习任务的学习，为汽车发动机故障诊断与排除的其他学习任务打下基础		
学生基础	学生已经完成了汽车维护、保养的操作知识，对汽车发动机各系统的结构认识有了一定的了解		
学习目标	1．知识 （1）能通过维修手册及网络资源检索发动机电控系统组成。 （2）能描述发动机电控系统的作用、结构组成和工作原理。 （3）能描述发动机电控系统各元器件名称及安装位置。 2．技能 （1）能正确对发动机系统性能进行简单测试，确认故障现象并初步分析故障原因。 （2）能在老师的指引下，在实车或台架上认知发动机电控系统元器件，并描述各部件的名称和安装位置。 （3）能在老师的指引下，绘制发动机电控系统组成图，并描述其结构组成。 3．素养 （1）能在团队作用下独立或协作完成元器件认知、故障检修、总结评价等任务。 （2）能遵守工作过程的 7S 检验和职业能力展示评价		
学习内容	（1）学习安全操作规程及 7S 现场管理规定。 （2）维修手册、电路图册的使用。 （3）检测仪器（万用表、汽车故障诊断仪）的认识与使用。 （4）发动机电控系统结构组成及工作原理。 （5）发动机电控系统各元器件的认知。 （6）与他人沟通合作，获取信息，对学习与工作进行总结，展示评价		
教学条件	维修手册、安全操作规程、车间管理制度、7S 管理规范制度、普通拆装工具、万用表、发动机电控系统实训台架、汽车故障诊断仪、车辆、举升机等		

教学组织形式	教学组织形式：小组学习。 1. 情景再现 教师组织学生以小组的形式观察发动机故障指示灯点亮的现象，初步检测发动机性能，明确学习任务。 2. 初步分析 小组利用工作页和相关知识分析发动机电控系统故障现象及原因。 3. 制订方案 学生分组绘制各系统组成，分析故障原因，制订维修方案并展示评价。 4. 实施方案 小组进行汽车电控系统的元器件认知，排除故障，工作过程实行自检、互检和终检三级检验。 5. 评价反馈 小组总结、评价，实行自评、互评、教师点评综合评价
教学流程与活动	1. 教学流程 复习与提问→再现情境→任务导入→任务分配→任务实施→评价反馈。 2. 学习活动 | 学习活动 | 发动机电控系统结构与认知 | 12学时 |
评价内容与标准	1. 专业能力评价标准 （1）规范使用工量具和检测设备。 （2）通过仪器检测判断发动机系统性能。 （3）绘制系统结构组成图，分析故障原因，完成鱼骨图。 （4）按照故障诊断流程排除故障并总结排除故障的思路。 （5）描述发动机电控系统的作用、结构组成和工作原理。 （6）描述各元器件名称及安装位置。 （7）工作过程的自检、互检、终检和7S监督，执行安全操作，做好安全防护。 2. 社会能力评价标准 （1）收集资料、方案制作能力（PPT制作能力、图案绘制能力）。 （2）展示表达能力，沟通交流能力，团队协作能力。 （3）观察分析相互评价、相互肯定与提升的能力。 3. 方法能力评价标准 （1）电路识图方法。 （2）通过维修手册和网络资源有效获得支撑资料的方法。 （3）通过维修资料和场地资源，小组、老师等团队资源解决问题的方法

学习活动 发动机电控系统结构与认知

一、学习目标

（1）能够在老师的指引下，查阅资料，完成发动机电控系统组成的信息检索。

（2）能够根据操作要点，规范填写维修工作单，合理分配人员，并具体实施。

（3）能够对电控系统进行初步检查，并确认故障现象。

（4）能够实车或台架认知发动机电控系统元件，并描述各部件的名称和安装位置。

（5）能够绘制发动机电控系统结构组成图，并描述其结构组成。

（6）能够在团队作用下，独立或集体完成学习任务。

（7）能够执行活动过程的 7S 管理要求。

（8）能够按职业能力评价要求进行展示评价。

二、学习准备

设备：卡罗拉发动机实训台架或整车、举升机、充电机、汽车故障诊断仪等。

常用工量具：工具车 1 套，配备常用梅花扳手、套筒扳手、螺丝刀、试灯、万用表等。

油料、材料：保险丝、汽油、碎布等。

资料：网络资源、维修手册、维修工作单、安全操作规程。

分组：每组 5～6 人，小组讨论后，由组长按岗位分配人员。

三、学习内容

发动机电控系统结构与认知学习任务如图 1-1-1 所示。

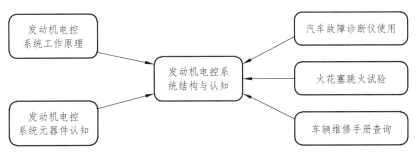

图 1-1-1　学习任务

四、引导问题

（1）电控技术对发动机的影响有哪些？

_____、_____、

_____、_____、

_____。

（2）汽车发动机电子控制系统由_____、_____、_____、_____、_____组成。

（3）电子控制系统的主要组成有_____、_____、_____三大部分。

（4）失效保护系统的功能主要是当_____或_____发生故障时，控制系统自动按照电控单元中预先设置的参考信号工作，以便发动机继续运转。

（5）电子控制系统的两种类型：_____、_____。

（6）自诊断与报警系统中，电子控制单元（ECU）检测来自_____或输送给_____故障信号时，立即点亮仪表盘上的_____，以提示驾驶员_____；同时，系统将故障信息以设定的_____形式存储在存储器中，以便帮助维修人员确定故障类型和范围。

（7）汽车电子控制器 ECU 主要由_____、_____、_____三部分组成。其中_____接收传感器传来的信号，其信号传输的方式有_____、_____两种信号。

五、学习过程

1. 填写维修工作单

（1）根据学习活动拆分活动环节或步骤，制订相关维修作业计划。

（2）小组讨论分工填写维修工作单——附件 1。

2. 操作安全事项

查阅维修手册及相关资源，参考作业规范图（见图 1-1-2），列举发动机启动检查及汽车故障诊断仪使用的注意事项：

_____

_____

_____

_____

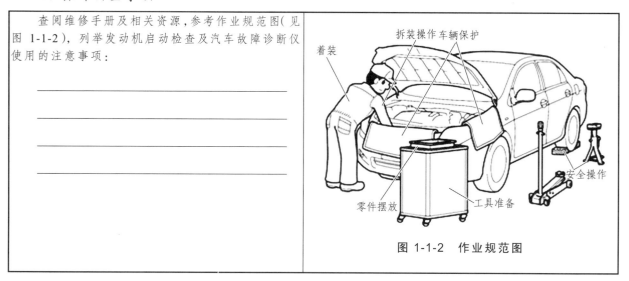

图 1-1-2　作业规范图

3. 确认故障现象

启动发动机，观察仪表相关故障指示灯，根据发动机运转工况，结合组合仪表（见图 1-1-3）完成故障检查确认表 1-1-1，并简单描述故障现象。

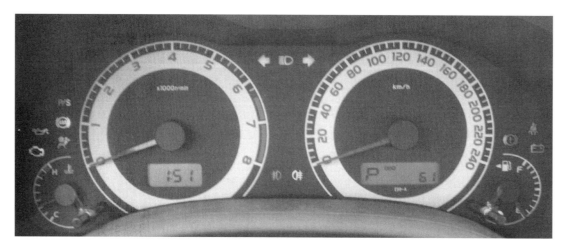

图 1-1-3　组合仪表图

表 1-1-1　故障检查确认

图　形	指示灯名称	检查结果	结果填写	初步判定
			闪烁/持续点亮/××秒后熄灭/发动机运转后熄灭	
发动机转速表（最大值）			实际转速	

确定故障现象：_____

4. 使用汽车故障诊断仪进行初步诊断

（1）写出汽车故障诊断仪进入发动机系统的工作路径：_____

_____。

（2）利用汽车故障诊断仪读取控制单元相关信息，完成发动机控制单元信息表 1-1-2。

表 1-1-2　发动机控制单元信息表

车辆代码		发动机型号	
气缸数		变速器类型	
产　地		年　份	
VIN			

（3）利用汽车故障诊断仪读取故障代码，写出与发动机电控系统相关的故障代码和代码含义（见表 1-1-3）。

表 1-1-3　故障代码和代码含义

故障代码	
故障代码含义	
故障代码（清除后）	
确定故障范围	

5. 查阅维修手册

查阅卡罗拉维修手册 1ZR-FE/2ZR-FE 发动机控制系统——ES 及 COROLLA 电路图，检索发动机室内元器件位置分布的相关信息。

（1）指出发动机室内零件位置（见图 1-1-4）所在位置的检索路径：_____

_____。

（2）参考图 1-1-4，查找发动机控制元器件，在实车或台架中标贴中英文，并指出相应元器件的名称，完成发动机电控元器件识别表 1-1-4。

表 1-1-4 发动机电控元器件识别

序号	名 称	安装位置	作 用
B1	发电机总成		
B2		节气门体与空气滤芯之间的进气总管上	
B3			检测发动机温度，作为点火与喷油的修正信号
B4	启动机总成		
B6			
B7	空调压缩机总成		
B8			
B9		气缸盖进气口进气歧管上	
B10			
B11			
B12			
B13		曲轴前端，机油泵壳体上	
B14			
B15			
B19			
B20			
B21	VVT 传感器（进气侧）		
B22			
B23			
B24			
B25			
B26		气门室盖上	
B27			接收控制单元点火信号，将 12 V 低压电转变为几千伏的高压电
B28			
B29			
B30		气门室盖上	
B31	ECM		
B60			检测车辆变速器处于倒档，同时点亮倒车灯，提示周围车辆处于倒车状态
B88			
B89	空燃比传感器（B1S1）		
B90			
B91			
D1		气缸体中部侧面	

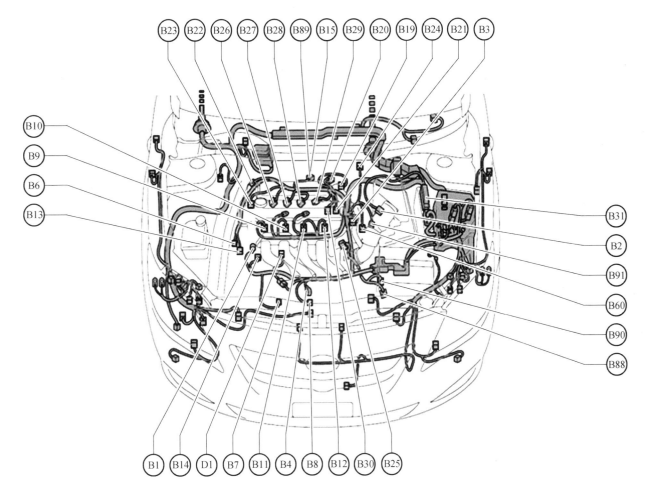

图 1-1-4　发动机室内零件位置图

6. 绘制卡罗拉发动机电控系统结构方框图

（1）查阅维修手册及网络资源，根据发动机电控系统结构控制原理绘制系统方框图，标示出元器件名称及信号的输入、输出（请绘制在下页方框内）。

（2）展示评价。结合职业能力评价表进行展示评价——附件 2。

六、评价反馈

组员进行自我评价、相互评价，完成表 1-1-5 所示的相应内容。

组间评价说明：

（1）维修手册使用。评价人任意指定电控系统相关的元器件，被评价人在电路图册中找出相应元器件所在的页码，并在实车或台架上找出对应的元器件，填写于评价表中。

（2）评价要求。组间评价表由评价人给予对应评价等级：单行全对的得"A"，错两个（含）以下的得"B"，错两个以上的得"C"。

表 1-1-5　学习评价表

项　目	评价内容	评价等级		
		😎	🙂	🙁
自我评价	学到的知识点：			
	学到的技能点：			
	不理解的有：			
	还需要深化学习并提升的有：			
组内评价	○ 按时到场　　　○ 工装齐备　　　　　○ 书、本、笔齐全			
	○ 安全操作　　　○ 责任心强　　　　　○ 7S 管理规范			
	○ 学习积极主动　○ 合理使用教学资源　○ 主动帮助他人			
	○ 接受工作分配　○ 有效沟通　　　　　○ 高效完成工作任务			
组间评价	元件代码　元件名称　在电路图册中的页码　在实车中的位置			
	B25			
	B31　　ECM			
	B20			
	B2			
	B24			
小组评语及建议	他（她）做到了： 他（她）的不足： 给他（她）的建议：	组长签名： 　　年　　月　　日		
老师评语及建议		评价等级： 教师签名： 　　年　　月　　日		

七、学习材料

（一）发动机控制系统概述

1. 电控技术对发动机性能的影响

汽车发动机的运行工况是多变的，只有电子控制的灵活性和电子控制单元强有力的综合处理功能，才能使发动机在各种运行工况下实现全面优化运行，从而提高发动机性能。

（1）提高发动机的动力性。

在汽油发动机上，电控燃油喷射取代了传统的化油器，减小了进气系统中的进气阻力，部分发动机上还采用了进气控制系统等，提高了充气效率，而且电控系统可保证进入发动机气缸的空气得到充分利用，从而提高了发动机的动力性。

（2）提高发动机的燃油经济性。

在各种运行工况和运行环境下，电控系统均能精确控制发动机工作所需的混合气浓度，使燃烧更完全、燃油利用更充分，从而提高了发动机的燃油经济性。

（3）降低发动机的排放污染。

电控系统对发动机在各种运行工况和运行环境下优化控制，提高了燃烧质量，同时各种排放控制系统在汽车上的应用，都使发动机的排放污染大大降低。

（4）改善发动机的加速和减速性能。

在加速或减速运行的过渡工况下，电子控制单元的高速处理功能，使控制系统能够迅速响应，使汽车加速或减速反应更灵敏。

（5）改善发动机的启动性能。

在发动机启动和暖机过程中，控制系统能根据发动机温度变化，对进气量和供油量进行精确控制，从而保证发动机顺利启动和平稳经过暖机过程，可明显改善发动机的低温启动性能和热机运转性能。

此外，电控系统对发动机各种运行工况的优化控制和电控系统的不断完善，使发动机的故障发生率大大降低。自我诊断与报警系统的应用，提高了故障诊断的速度和准确性，缩短了汽车因发动机故障而停驶的时间，具有良好的社会效益和经济效益。

2. 电控系统的基本组成及类型

（1）电控系统的基本组成。

电控系统是指采用计算机等电子设备作为控制装置的自动控制系统。任何一种电控系统，其主要组成都可分为信号输入装置、电子控制单元（ECU）和执行元件三大部分。电控系统的基本组成如图 1-1-5 所示。

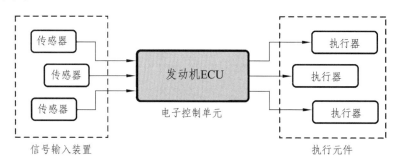

图 1-1-5　电控系统的基本组成

电控系统中的信号输入装置是各种传感器。传感器的功用是采集控制系统所需的信息，并将其转换成电信号通过线路输送给 ECU。电子控制单元（ECU）是一种综合控制电子装置，其功用是给各传感器提供参考（基准）电压，接收传感器或其他装置输入的电信号，并对所接收的信号进行存储、计算和分析处理，根据计算和分析的结果向执行元件发出指令。执行元件是受 ECU 控制，具体执行某项控制功能的装置。

（2）电控系统的类型。

电子控制系统有两种基本类型：开环控制系统和闭环控制系统。

开环控制系统的控制方式比较简单，ECU 只根据各传感器信号对执行元件进行控制，而控制的结果是否达到预期目标对其控制过程没有影响。而闭环控制系统除具有开环控制的功能外，还对其控制结果进行检测，并将检测结果（即反馈信号）输入ECU，ECU则根据反馈信号对其控制误差进行修正，所以闭环控制系统的控制精度比开环控制系统高。

3．电控系统在发动机上的应用

目前，汽车上广泛应用的是发动机集中控制系统（见图1-1-6），应用在发动机上的电控系统主要包括电控燃油喷射系统、汽油机电控点火系统和其他辅助控制系统。

图1-1-6　发动机集中控制系统

（1）电控燃油喷射系统。

在汽油机电控燃油喷射（EFI）系统中，喷油量控制是最基本的也是最重要的控制内容。电子控制单元（ECU）主要根据进气量确定基本的喷油量，再根据其他传感器（如冷却液温度传感器、节气门位置传感器等）信号对喷油量进行修正，使发动机在各种运行工况下均能获得最佳浓度的混合气，从而提高发动机的动力性、经济性和排放性。除喷油量控制外，汽油机电控燃油喷射系统的功能还包括喷油正时控制、断油控制和燃油泵控制。

（2）汽油机电控点火系统。

汽油机电控点火（ESA）系统最基本的功能是点火提前角控制。该系统根据各相关传感器信号，判断发动机的运行工况和运行条件，选择最理想的点火提前角点燃混合气，从而改善发动机的燃烧过程，以实现提高发动机动力性、经济性和降低排放污染的目的。此外，电控点火系统还具有通电时间控制和爆震控制功能。

（3）怠速控制系统。

汽油机怠速控制（ISC）系统是发动机辅助控制系统，其功能是在发动机怠速工况下，根据发动机冷却液温度、空调压缩机是否工作、变速器是否挂入档位等，通过节气门或怠速控制阀对发动机的进气量进行控制，使发动机随时以最佳怠速转速运转。

（4）排放控制系统。

其功能主要是对发动机排放控制装置的工作实行电子控制。排放控制的项目主要包括废气再循环（EGR）控制，活性炭罐电磁阀控制、氧传感器和空燃比闭环控制、二次空气喷射控制等。

（5）进气控制系统。

进气控制系统的功能主要是根据发动机转速和负荷的变化，对发动机的进气进行控制，以提高发动机的充气效率，从而改善发动机的动力性。在柴油机上，为改善发动机性能，对进气涡流也实现了电子控制。

（6）增压控制系统。

增压控制系统的功能是对发动机进气增压装置的工作进行控制。在装有废气涡轮增压装置的汽车上，ECU根据检测到的进气管压力，对增压装置进行控制，从而控制增压装置对进气增压的强度。

（7）巡航控制系统。

驾驶员设定巡航控制模式后，ECU根据汽车运行工况和运行环境信息，自动控制发动机工作，使汽车自动维持一定车速行驶。

（8）警告提示。

由ECU控制各种指示和报警装置，一旦控制系统出现故障，该系统能及时发出信号以警告提示，如氧传感器失效、油箱油温过高等。

（9）自诊断与报警系统。

在发动机控制系统中，电子控制单元（ECU）都设有自诊断系统，对控制系统各部分的工作情况进行监测。当ECU检测到来自传感器或输送给执行元件的故障信号时，立即点亮仪表盘上的"CHECK ENGINE"灯（故障指示灯），以提示驾驶员发动机有故障；同时，系统将故障信息以设定的数码（故障码）形式存储在存储器中，以便帮助维修人员确定故障类型和范围。对车辆进行维修时，维修人员可通过特定的操作程序（有些需借助专用设备）调取故障码。故障排除后，必须通过特定的操作程序清除故障码，以免与新的故障信息混杂，给故障诊断带来困难。

（10）失效保护系统。

失效保护系统的功能主要是当传感器或传感器线路发生故障时，控制系统自动按计算机中预先设定的参考信号值工作，以便发动机能继续运转。例如，冷却液温度传感器电路有故障时，可能向ECU输入低于－50 ℃或高于139 ℃的冷却液温度信号，失效保护系统将自动按设定的标准冷却液温度信号（80 ℃）控制发动机工作，否则会引起混合气过浓或过稀，导致发动机不能工作。

此外，当对发动机工作影响较大的传感器或电路发生故障时，失效保护系统则会自动停止发动机工作。例如，汽油机ECU收不到点火控制器返回的点火确认信号时，失效保护系统则立即停止燃油喷射，以防大量燃油进入气缸而不能点火工作。

（11）应急备用系统。

应急备用系统功能是当控制系统电子控制单元发生故障时，自动启用备用系统（备用集成电路），按设定的信号控制发动机转入强制运转状态，以防车辆停驶在路途中。应急备用系统只能维持发动机运转的基本功能，但不能保证发动机性能。

（二）维修手册查阅识读

1. 电路图册识读指引

卡罗拉车型电路图册目录如图1-1-7所示，针对目录内容通过表1-1-6进行目录代码说明，根据代码说明及相关页码可在电路图册中查找相对应的维修电路图内容。

COROLLA
电路图

图 1-1-7　卡罗拉车型电路图册目录

表 1-1-6　系统代码说明

序号	代码	章　节	说　明
1	A	索　引	本手册内容的索引
		导　言	各章节的简要说明
2	B	如何使用本手册	说明如何使用本手册
3	C	故障排除	描述电路的基本检查步骤
4	D	缩　写	定义本手册中使用的缩写
5	E	术语和符号表	定义主要零件的符号和功能
6	F	继电器位置分布图	标示电子控制装置、继电器、继电器盒等的位置。这一章与系统电路紧密相关
7	G	电路图	标示零件连接器、接点、搭铁点等的位置。这一章与系统电路紧密相关

序号	代码	章　节	说　明
8	H	系统电路	各系统电路图显示从电源到搭铁点的全部电路。根据连接方法通过代码来显示和分类电路连接及其位置(参见"如何使用本手册"一章)。本章还包括用于故障排除的"系统概述"和"维修提示"(仅包含完整电路的配线信息)
9	I	搭铁点	标示本手册中所有零件的搭铁位置
10	J	电源(电流流程图)	描述从电源到各个电力负载的电源分配情况
11	K	连接器表	描述本手册中出现的零件的连接器形状。这一章与系统电路紧密相关
12	L	连接器零件号	说明本手册中使用的连接器的零件号
13	M	总电路图	提供标示电路连接的电路图(仅包含完整电路的配线信息)

2. 维修手册的使用指引

维修手册的使用指引如图 1-1-8 所示。

导言	IN
准备工作	PP
维修规范	SS
1ZR-FE　发动机控制系统	ES
2ZR-FE　发动机控制系统	ES
1ZR-FE　发动机机械部分	EM
2ZR-FE　发动机机械部分	EM
1ZR-FE　燃油系统	FU
2ZR-FE　燃油系统	FU
1ZR-FE　排放控制系统	EC
2ZR-FE　排放控制系统	EC

图 1-1-8　使用指引

目录信息说明:

(1)导言:主要为本手册的相关使用介绍及维修说明,包括如何使用本手册、车辆识别信息、维修说明、如何对 ECU 控制系统进行故障排除、术语等。

(2)准备工作:主要是针对维修前的准备,如专用工具、设备、油品、推荐工具的准备等。

(3)维修规范:主要是针对车辆上螺栓的说明及各系统的相关零部件总成维修数据、扭矩规格等进行查询。

(4)其他:主要针对车辆上各系统的具体维修,如拆装、检测、维修等详细说明与具体操作等。

学习任务二　发动机点火系统故障诊断与排除学习任务设计方案

专业名称	汽车技术服务与营销	一体化课程名称	汽车发动机电控系统故障诊断与排除
学习任务	发动机点火系统故障诊断与排除	建议学时	60
工作情境描述	王先生驾驶汽车准备上班时发现发动机无法启动，现车辆进厂维修，技术人员初步诊断为点火系统故障。作为未来的维修人员，我们将会按照维修工作单和车间作业流程，在老师的指引下，按照维修手册的要求，对本故障进行规范拆检，制订维修方案，确定故障部位，排除故障，恢复车辆性能并最终检验合格后交付前台		
学习任务描述	在老师的指导下确认故障现象，接受故障排除任务后学习点火系统的结构组成及工作原理，并完成相关工作页的填写，对点火系统相关部件进行检测，确定故障部位，制订维修方案，排除故障并竣工检验合格，交付车辆后进行总结、评价		
与其他学习任务的关系	在汽车维护保养学习任务中，在了解汽车发动机基本结构及电控系统基本组成的基础上完成本学习任务，通过本学习任务的学习为汽车发动机故障诊断与排除的其他学习任务打下基础		
学生基础	学生已经完成了汽车维护、保养的操作知识，对汽车发动机各系统的结构认识有了一定的了解		
学习目标	1．知识 （1）能通过维修手册及网络资源检索点火系统故障相关信息。 （2）能描述点火系统的作用、结构组成和工作原理。 （3）能描述电路图的识读方法以及电路拆绘的要点。 （4）能描述点火系统常见故障原因和排除方法。 2．技能 （1）能正确测试点火系统性能，确认故障现象并初步分析故障原因。 （2）能识读并按要求拆绘点火系统电路图，分析故障原因，制订维修方案并进行展示评价。 （3）能在老师的指引下，按照故障检修流程，拆检相关部件，检测线路，确定故障部位并最终排除故障后进行总结评价。 （4）能就车拆装点火系统零部件，按要求进行检查与调整，进行零部件检测并判断性能。 3．素养 （1）能在团队作用下独立或协作完成故障检修、总结评价等任务。 （2）能遵守工作过程的7S检验和职业能力展示评价		
学习内容	（1）学习安全操作规程及7S现场管理规定。 （2）维修手册、电路图册的使用。 （3）万用表、汽车故障诊断仪的使用。 （4）零部件拆装、性能参数检测及判断。 （5）点火系统的作用、结构组成及工作原理。 （6）汽车点火系统电路图的识读及拆绘。 （7）点火系统故障检测及排除。 （8）与他人沟通合作，获取信息，对学习与工作进行总结，展示评价		

教学条件	维修手册、安全操作规程、车间管理制度、7S 管理规范制度、普通拆装工具、万用表、发动机电控系统实训台架、汽车故障诊断仪、示波器、车辆、举升机等
教学组织形式	教学组织形式：小组学习。 1. 情景再现 教师组织学生以小组的形式观察火花塞不点火的现象，初步检测发动机点火系统，明确学习任务。 2. 初步分析 小组利用工作页和相关知识分析点火系统故障现象及原因。 3. 制订方案 学生分组拆绘点火系统电路图，分析故障原因，制订维修方案并展示评价。 4. 实施方案 小组进行汽车点火系统的零部件拆装检测，排除故障，工作过程实行自检、互检和终检三级检验。 5. 评价反馈 小组总结、评价，实行自评、互评、教师点评综合评价
教学流程与活动	1. 教学流程 复习与提问→再现情境→任务导入→任务分配→任务实施→评价反馈。 2. 学习活动

学习活动一	发动机火花塞不点火故障分析	12 学时
学习活动二	拆绘发动机点火系统电路	18 学时
学习活动三	发动机火花塞不点火故障排除	30 学时

评价内容与标准	1. 专业能力评价标准 （1）规范使用工量具和检测设备。 （2）通过参数检测判断点火系统零部件性能。 （3）拆绘电路图，分析故障原因，完成鱼骨图。 （4）按照故障诊断流程排除故障并总结排除故障的思路。 （5）描述点火系统的作用、结构组成和工作原理。 （6）描述电路图查阅方法和思路。 （7）描述曲轴位置传感器结构类型和工作特点。 （8）工作过程的自检、互检、终检和 7S 监督，执行安全操作，做好安全防护。 2. 社会能力评价标准 （1）收集资料、方案制作能力（PPT 制作能力、图案绘制能力）。 （2）展示表达能力，沟通交流能力，团队协作能力。 （3）观察分析相互评价、相互肯定与提升的能力。 3. 方法能力评价标准 （1）电路识图方法。 （2）通过维修手册和网络资源有效获得支撑资料的方法。 （3）通过维修资料和场地资源，小组、老师等团队资源解决问题的方法

学习活动一　发动机火花塞不点火故障分析

一、学习目标

（1）能够在老师的指引下，查阅资料，完成发动机电控点火系统组成的信息检索。

（2）能够根据操作要点，规范填写维修工作单，合理分配人员，并具体实施。

（3）能够对点火系统进行初步检查，并确认故障现象。

（4）能够实车或台架认知发动机电控点火系统元件，并描述各部件的名称、作用和安装位置。

（5）能够绘制发动机电控点火系统结构组成图，并描述其结构组成。

（6）能够在团队作用下，独立或集体完成学习任务。

（7）能够执行活动过程的 7S 管理要求。

（8）能够按职业能力评价要求进行展示评价。

二、学习准备

设备：卡罗拉发动机实训台架或整车、举升机、充电机、汽车故障诊断仪等。

常用工量具：工具车 1 套，配备常用梅花扳手、套筒扳手、螺丝刀、试灯、万用表、塞尺等。

油料、材料：火花塞、保险丝、汽油、碎布等。

资料：网络资源、维修手册、维修工作单、安全操作规程。

分组：每组 5~6 人，小组讨论后，由组长按岗位分配人员。

三、学习内容

发动机火花塞不点火故障分析学习任务如图 2-1-1 所示。

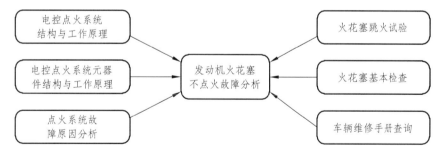

图 2-1-1　学习任务

四、引导问题

（1）发动机电控点火系统由＿＿＿＿＿＿＿＿＿、＿＿＿＿＿＿＿＿＿、＿＿＿＿＿＿＿、
＿＿＿＿＿＿＿＿＿、＿＿＿＿＿＿＿等组成。

（2）点火系统中的主要传感器有＿＿＿＿＿＿＿＿＿＿＿＿＿＿＿＿＿＿＿＿＿。

（3）电控点火系统的类型有＿＿＿＿＿＿＿＿＿、＿＿＿＿＿＿＿＿＿、
＿＿＿＿＿＿＿＿＿。

（4）最佳点火提前角=_____+_____+_____。

（5）电控点火系统中的各种信号分别是什么含义？

NE 信号：_____；

G 信号：_____；

IGT 信号：_____；

IGF 信号：_____。

（6）点火系统用_____产生的高压电击穿火花塞电极间的空气，点燃气缸中的压缩混合气。它是通过_____的工作原理，将汽车_____V 的低压电转变为_____V 的高压电。

五、学习过程

1. 填写维修工作单

（1）根据学习活动拆分活动环节或步骤，制订相关维修作业计划。

（2）小组讨论分工填写维修工作单——附件 1。

2. 操作安全事项

查阅维修手册及相关资源，参考操作规范图（见图 2-1-2），列举发动机点火系统检修的注意事项：

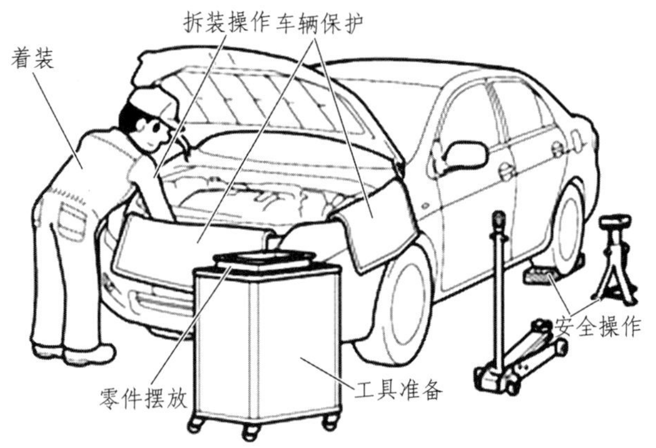

_____

_____

_____

_____

图 2-1-2　操作规范图

3. 使用汽车故障诊断仪进行初步诊断

参照火花塞点火操作示范（见图 2-1-3）确认故障现象，利用汽车故障诊断仪进行初步诊断

（1）火花塞跳火性能检查。

① 写出跳火实验的操作步骤。

_____

_____

_____

_____

② 写出跳火检测的结果（有/无跳火、火花颜色，见表 2-1-1）。

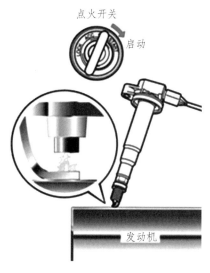

图 2-1-3　火花塞点火操作示范

表 2-1-1　火花塞跳火检测结果

气　缸	第一缸	第二缸	第三缸	第四缸
跳火检测结果				

◆ 故障确认：_____

（2）利用汽车故障诊断仪读取故障代码，写出与发动机点火系统相关的故障代码和代码含义（见表 2-1-2）。

表 2-1-2　故障代码和代码含义

故障代码	
故障代码含义	
故障代码（清除后）	
确定故障范围	

4. 绘制卡罗拉发动机电控点火系统结构图

（1）绘制结构图。根据传感器、执行器的特点，绘制发动机点火控制系统结构框图，并标注元器件名称和代码及信号的输入、输出（请绘制在下页方框内）。

（2）展示评价。结合职业能力评价表进行展示评价——附件 2。

① 发动机常见电子点火类型有_____，本车点火属于_____。

A. DLI　　　　　　B. DIS　　　　　　C. DIL　　　　　　D. ESA

E. 双组点火　　　　F. 双火花塞点火　　G. 独立点火　　　　H. 分电器点火

② 分电器点火、双组点火和独立点火的主要区别是什么？

_____

_____

5. 完成独立点火控制结构图

选择正确的元器件名称，完成独立点火控制结构（见图 2-1-4）。

A. 点火线圈总成　　　B. 火花塞　　　　C. 点火开关　　　　D. 初级线圈

E. 次级线圈　　　　　F. 点火放大器　　G. 传感器

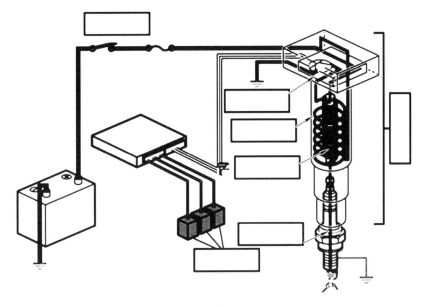

图 2-1-4　独立点火控制结构

6. 分析故障原因

根据维修手册和相关资料，分析可能导致火花塞不点火的故障原因，按先后顺序填写鱼骨图（见图 2-1-5）。

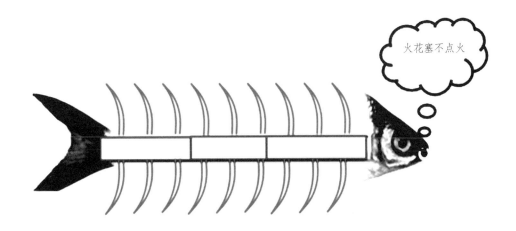

图 2-1-5　火花塞不点火的故障原因

7. 判断火花塞性能

　　检查火花塞，并判断性能，参照火花塞型号识别方法（见图 2-1-6）完成火花塞检查表 2-1-3，并列举常见火花塞生产厂家热值识别方法——区分冷型、热型火花塞。

　　（1）使用万用表检测火花塞电阻（仅电阻型）。

　　（2）使用间隙规检测火花塞间隙。

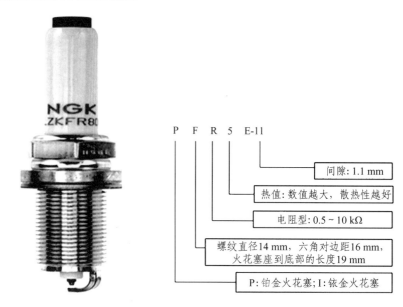

P　F　R　5　E-11

间隙：1.1 mm

热值：数值越大，散热性越好

电阻型：0.5～10 kΩ

螺纹直径14 mm，六角对边距16 mm，火花塞座到底部的长度19 mm

P：铂金火花塞；I：铱金火花塞

图 2-1-6　火花塞型号识别方法

表 2-1-3　火花塞检查表

气缸	1 缸	2 缸	3 缸	4 缸
电极颜色				
型号				
电阻值				
间隙				
热值				
正常/不正常				
◆ 火花塞螺纹直径是 _____；六角对边距是 _____。				

六、评价反馈

　　组员进行自我评价、相互评价，完成表 2-1-4 所示的相应内容。

　　组间评价说明：

　　（1）操作评价。评价人查看各组设备及故障确认操作正确性，并任意指定点火系统相关的元器件；被评价人在电路图册中找出相应元器件所在的页码，并在实车或台架上找出对应的元器件，填写于评价表中。

（2）评价要求。组间评价表由评价人给予对应评价等级：单行全对的得"A"，错两个（含）以下的得"B"，错两个以上的得"C"。

表 2-1-4　学习评价表

项　目	评价内容	评价等级		
		😎	🙂	☹️
自我评价	学到的知识点：			
	学到的技能点：			
	不理解的有：			
	还需要深化学习并提升的有：			
组内评价	○按时到场　　○工装齐备　　　　○书、本、笔齐全			
	○安全操作　　○责任心强　　　　○7S管理规范			
	○学习积极主动　○合理使用教学资源　○主动帮助他人			
	○接受工作分配　○有效沟通　　　　○高效完成工作任务			
组间评价	火花塞点火试验	第一缸	第二缸	第三缸	第四缸
	汽车故障诊断仪使用	故障代码	代码含义		
	元件代码	元件名称	元件位置	ECU管脚代号	
				NE	
	D1				
小组评语及建议	他（她）做到了：		组长签名：	
	他（她）的不足：			
	给他（她）的建议：		年　　月　　日	
老师评语及建议			评价等级： 教师签名： 年　　月　　日	

七、学习材料

（一）电控点火系统功能

汽油机电控点火系统通过电子控制单元（ECU）控制点火系统，主要包括点火提前角、通电时间及爆震控制三个方面。

汽油发动机把空气-燃油混合气的燃烧转换成动力，为使混合气充分燃烧，正确的点火正时和足够强的点火非常重要（见图 2-1-7）。

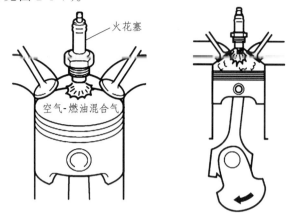

图 2-1-7　火花塞点火示意图

（1）能产生足够的火花足以使空气-燃油混合气燃烧。

汽油机的火花塞产生火花点燃发动机气缸内的混合气，如果火花弱，就没有足够的能量点燃，所以强火花很重要。

（2）对于每种发动机工况，须能保持适时的点火正时。点火正时根据发动机转速或负荷情况变化，以保证最佳的点火正时。

1. 点火提前角对发动机性能的影响

点火提前角：从上止点至点火时刻的曲轴角度，如图 2-1-8 所示。

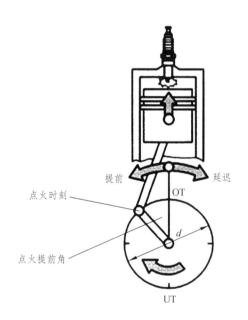

图 2-1-8　点火正时

点火时刻无法硬性设定，必须根据发动机运行状态进行调整。调整情况取决于发动机转速和负荷，转速升高时，至完全燃烧的时间越来越短，因此应"提前"点火时刻。发动机处于部分负荷范围时其吸入的混合气比满负荷时少，压缩压力低，燃烧慢，所以也需要将点火时刻提前，以便于在上止点后马上产生最大压力。

怠速运转和滑行模式需净化废气，需要"延迟"点火时刻。若点火过早，则活塞还在向上止点移动的过程中，气体压力已达到很大数值。这时气体压力作用的方向与活塞运动的方向相反，此时有效功减小，发动机功率也将减小。因此，应当在活塞到达上止点之前点火，使气体压力在活塞位置相当于曲轴转到上止点后 10°～15°时达到最高值。

2. 控制点火提前角的计算

在电控点火系统中，各种工况及运行条件下最理想的点火提前角首先存储在 ECU 中，微机控制的点火提前角由初始点火提前角、基本点火提前角和修正点火提前角组成。

实际点火提前角 = 初始点火提前角 + 基本点火提前角 + 修正点火提前角

（1）初始点火提前角又称为固定点火提前角，其值的大小取决于发动机的形式，并由曲轴位置传感器的初始位置决定，一般为上止点前 6°～12°。

（2）基本点火提前角是发动机最主要的点火提前角，是设计微机控制点火系统时确定的点火提前角。基本点火提前角通常以二维表的形式存储在电子控制单元的 ROM 存储器中，ECU 根据发动机转速信号和进气歧管压力信号（或进气量信号）等，从存储器中获得。

（3）修正点火提前角为使实际点火提前角适应发动机的运转状况，以便得到良好的动力性、经济性和排放性能，必须根据相关因素（如冷却液温度、进气温度、开关信号等）适当增大或减小点火提前角，即对点火提前角进行必要的修正（见图 2-1-9）。修正点火提前角的项目有多有少，主要有暖机修正、怠速稳定性修正、空燃比反馈修正和过热修正。

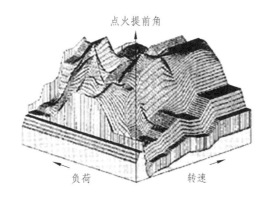

图 2-1-9　基本点火提前角与发动机转速和负荷关系

3. 通电时间——闭合角

闭合角是一次电流接通期间曲轴上某一点转动角度的一半。可认为闭合角是当发动机运转时，根据发动机 ECU 输出的点火正时信号，蓄电池的电流通过点火器流到初级线圈的通电时间。

现代电控点火系统中，用灵敏可靠的传感器（凸轮轴/曲轴位置传感器）和晶体管开关取代了传统点火系统中的断电器和分电器中的凸轮，无分电器，点火线圈初级电路的通电时间由 ECU 控制，其初级线圈通断控制模型如图 2-1-10 所示。闭合角（通电时间）控制模型存储在 ECU 内，发动机工作时根据发动机转速信号和电源电压信号确定最佳的闭合角（见图 2-1-11），并向点火器输出执行指令，以控制点火器中晶体管的导通时间。

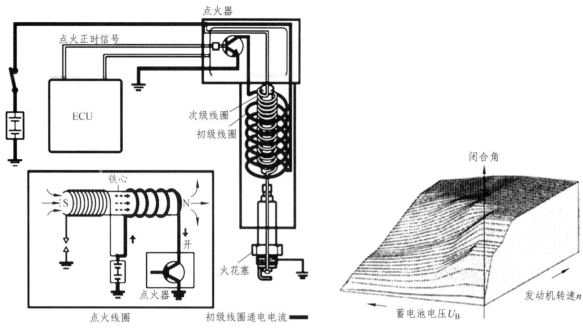

图 2-1-10　初级线圈通断控制模型图　　　　图 2-1-11　闭合角与转速、电压的关系

4. 爆震控制

发动机爆震控制系统利用安装在机体上的爆震传感器,通过对发动机机体振动的测定来判断发动机是否处于爆震状态。传感器输出的信号被送到电子控制单元中,并在电子控制单元内进行计算,根据发动机爆震情况做出是否需要滞后或提前点火时间的指令(见图 2-1-12)。

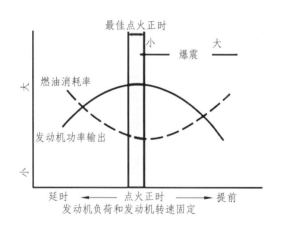

图 2-1-12　爆震控制点火正时图

(二)电控点火系统组成与工作原理

1. 汽油发动机点火类型

汽油发动机点火系统主要有传统点火系统和计算机控制的点火系统两大类。

断电器触点式点火系统如图 2-1-13 所示。

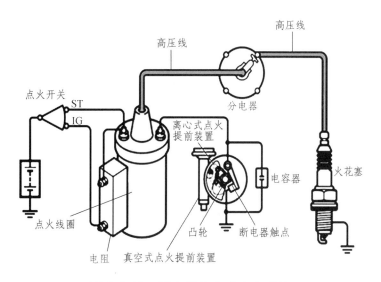

图 2-1-13　断电器触点式点火系统

在该系统中，通过机械控制来控制初级电流和点火正时。点火线圈的初级电流受断电器触点的周期性控制。离心式点火提前装置和真空式点火提前装置控制点火正时。分电器把次级线圈产生的高压分配到火花塞。

该点火方式的特点：断电器触点必须经常调整和更换。外部电阻用于减少初级线圈的圈数，改善初级电流的增大，使次级电压在高速时防止次级电压降低。减少初级绕组的圈数，就减少了初级线圈的电阻，增大了初级电流，同时产生的热量也增大。

晶体管式点火系统如图 2-1-14 所示。

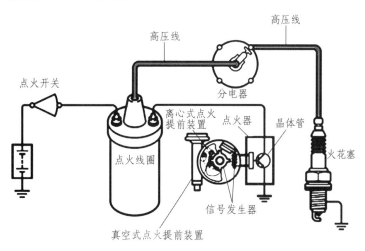

图 2-1-14　晶体管式点火系统

在这种点火系统中，晶体管根据信号发生器产生的电信号周期性地控制初级电流。点火正时控制方式与断电器触点式相同。

带电子控制点火提前角（ESA）的晶体管式点火系统如图 2-1-15 所示。

2．基本组成

控制系统：一般由电源、传感器、ECU、点火器、点火线圈、分电器、火花塞组成。

电源：一般由蓄电池和发电机共同组成，主要是给点火系统提供所需的电能。

传感器：用于检测发动机各种运行参数，为 ECU 提供点火控制所需的信号。

ECU：电控点火系统的中枢，在发动机工作时，它不断地接收各种传感器的信息，按内存的程序计算出最佳点火提前角，并向点火器发出指令。

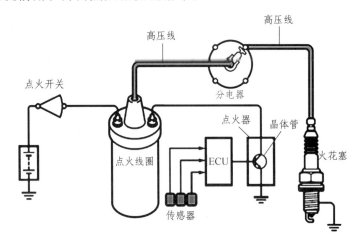

图 2-1-15　ESA 晶体管式点火系统

点火器：电控点火的执行元件，将电子控制系统输出的点火信号进行功率放大后，驱动点火线圈工作。

点火线圈：储存点火所需的能量，并将电源提供的低压电转变为足以在电极间产生击穿火花的 15 ~ 20 kV 的高压电。

分电器：根据发动机点火顺序，将点火线圈产生的高压电依次输送给各缸火花塞。

火花塞：利用点火线圈产生的高压电产生电火花，点燃气缸内的混合气。

3. 工作原理（见图 2-1-16）

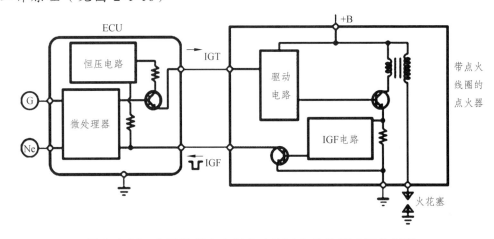

图 2-1-16　电子控制点火提前（ESA）晶体管式工作原理

发动机工作时，ECU 根据接收到的各传感器信号，按存储器中存储的有关程序和数据，确定出最佳点火提前角和通电时间，并以此向点火器发出指令。点火器根据指令，控制点火线圈初级电路的导通和截止。当电路导通时，有电流从点火线圈中的初级电路通过，点火线圈将点火能量以磁场的形式储存起来。当初级电路被切断时，次级线圈中产生很高的感应电动势（15 ~ 20 kV），经分电器或直接送至工作气缸的火花塞。

在电控点火系统中，用凸轮轴位置传感器产生的 G 信号和曲轴位置传感器产生的 Ne 信号作为主控制信号，以 G 信号为基准，按 1°曲轴转角分频，用既定的曲轴角度产生点火控制信号（IGT 信号）。

直接点火系统见图 2-1-17。

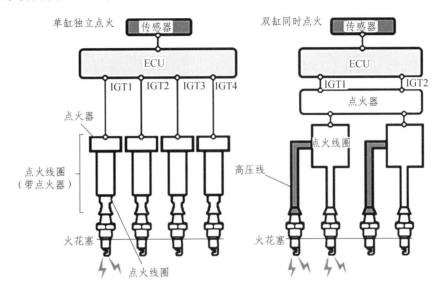

图 2-1-17　直接点火系统

这种点火系统取消了分电器，使多个点火线圈直接向火花塞提供高压电。点火正时由发动机电控单元（ECU）中的电子点火提前功能控制。这种点火系统在目前的汽油机中占主导地位。图 2-1-17 中的两种方式都为直接点火系统，一种为单缸独立点火，另一种为双缸同时点火。其工作原理与 ESA 式基本相同。

（三）火花塞

1. 作　用

点火线圈次级绕组产生的高压在火花塞的中心电极各接地电极之间产生火花，点燃气缸中的已压缩的空气-燃油混合气，其结构如图 2-1-18 所示。

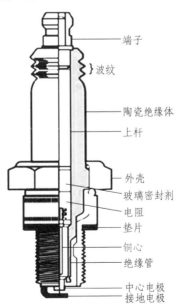

图 2-1-18　火花塞结构图

火花塞的电极间隙一般为 0.7～0.9 mm，近年来为适应发动机排气净化的要求，采用稀混合气燃烧，火花塞电极间隙有增大的趋势，已增大到 1.0～1.2 mm。

2. 工作原理

火花塞的中心电极和接地电极之间施加由点火装置所产生的高电压，由此电极间的绝缘状态被破坏而产生电流，放电生成电火花。火花能量决定能否使压缩混合气体点火爆发。放电现象是在极短时间内（约 0.001 s）完成的，且极为复杂。

由电火花所引起的点火是通过电极之间的火花放电而使燃烧粒子活性化，产生化学反应（酸性），并发生热效应，最终形成火焰核。该热能使其周围的混合气活性化，最终形成以自身燃烧为中心向周边扩大的火焰核（见图 2-1-19）。

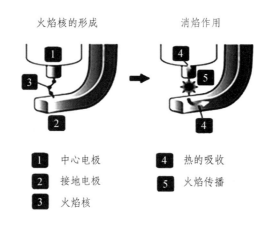

图 2-1-19　火花塞放电过程

如果电极的消焰作用比火焰核的作用大，火焰核会因此而消失导致熄火（指由于电极吸热使火焰消除的作用）。

如果火花隙较宽，火焰核会变大，消焰作用会变小，可保证确实点燃。当火花隙过宽时，则需要较大的放电电压，从而超过了线圈的性能界限，反而不能放电。

3. 火花塞的热特性

火花塞的热值反映了火花塞把热量从燃烧室传递到气缸盖的能力。汽油发动机燃烧室的理想燃烧温度在 500～850 ℃ 范围内。把燃烧室温度控制在上述范围内能够有效避免火花塞提前跳火及火花塞头部过热；也能够有效清除气缸燃烧残留物，避免气缸失火。

不同热值的火花塞，可以通过火花塞芯部的长度来大致区分（见图 2-1-20）。火花塞芯部较长的是热型火花塞；火花塞芯部较短的是冷型火花塞。当然也可以通过改变中央电极的合金成分来改变火花塞的热值，但通过改变火花塞芯部长度的方法比较常用。也有用火花塞型号中的数字表示热值。

例如，NGK 的 BP6EY11 中的 6 表示中等热值的火花塞（见图 2-1-21）。以 NGK 火花塞为例，其型号中表示热值的位上一般会是"6、7、8"，对照相关热值表就可知道相应型号的火花塞所处的热值范围。

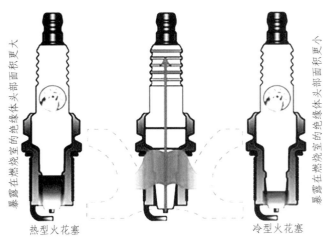

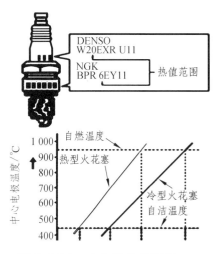

图 2-1-20　火花塞热值区分　　　　　　图 2-1-21　火花塞热值识别

4. 火花塞电极类型

传统单侧极火花塞的火焰核位于中央电极与侧电极之间，热量较多地被侧电极吸收，从而抑制了火焰核的增大，即"消焰作用"明显，这就降低了此类型火花塞的跳火性能。现阶段火花塞由传统的标准型单侧极发展到突出型单侧极，由单侧极发展至多侧极（见图 2-1-22）。如三侧极火花塞，三个接地电极位于中央电极四周，消除了单侧极火花塞中央电极被侧电极遮挡的缺点，削弱了"消焰作用"，火花能量较大，拥有更好的跳火性能。虽然多电极火花塞有多个接地电极，但在火花塞跳火瞬间，电流仅通过单一接地电极跳火，不会出现多电极同时跳火的情况。

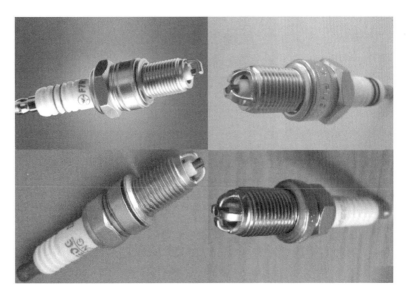

图 2-1-22　火花塞发展历程

5. 火花塞电极材料分类

火花塞电极材料有普通铜芯、钇金、铂金、铱金、铂铱合金等（见图 2-1-23）。这些材料本身都有良好的导电性。其中，贵金属火花塞熔点比较高，耐高温高压，质量较好，因此贵金属火花塞可以发出更强更稳定的火花，而且使用寿命相对也更长。

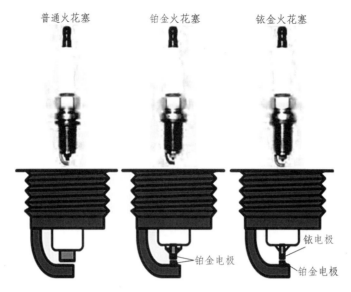

图 2-1-23　火花塞材料分类

学习活动二　拆绘发动机点火系统电路

一、学习目标

（1）能够根据操作要点，规范填写维修工作单，合理分配人员，并具体实施。

（2）能够根据制订的维修方案，参照维修手册拆绘实车或台架点火系统电路图。

（3）能够参照电路图描述，阐述点火系统电路的工作原理。

（4）能够根据维修手册分析点火系统故障原因并进行展示。

（5）能够在团队作用下，独立或集体完成学习任务。

（6）能够执行活动过程的 7S 管理要求。

（7）能够按职业能力评价要求进行展示评价。

二、学习准备

设备：卡罗拉发动机实训台架或整车、举升机、充电机、汽车故障诊断仪等。

常用工量具：工具车 1 套，配备常用梅花扳手、套筒扳手、螺丝刀、试灯、万用表、塞尺等。

油料、材料：火花塞、保险丝、汽油、碎布等。

资料：网络资源、维修手册、维修工作单、安全操作规程。

分组：每组 5 ~ 6 人，小组讨论后，由组长按岗位分配人员。

三、学习内容

拆绘发动机点火系统电路的学习任务如图 2-2-1 所示。

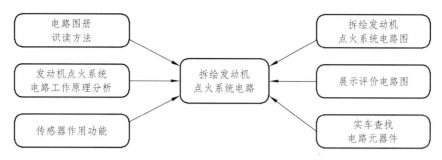

图 2-2-1 学习任务

四、引导问题

（1）曲轴位置传感器的类型有_____种，分别为_____、_____、_____。

（2）发动机电子控制单元（ECU）接收_____发出的信号，向点火线圈发送_____
_____信号，点火线圈根据_____发出的_____切断初级电
流，将低压电转变为高压电，传递给_____产生电火花，点燃气缸中的空气-燃
油混合气。

（3）爆震传感器有_____和_____两类。

（4）电子点火系统也有_____与_____之分：带有_____传感器，能根据发
动机是否发生爆震及时修正点火提前角的电控系统称为_____控制系统；不带爆震传感器，点火
提前控制仅根据电控单元内设定的程序控制的电控系统称为_____控制系统。

（5）火花塞电极击穿而产生火花时所需要的电压称为_____。

（6）点火闭合角主要是通过_____加以控制的。

五、学习过程

1. 填写维修工作单

（1）根据学习活动拆分活动环节或步骤，制订相关维修作业计划。

（2）小组讨论分工填写维修工作单——附件 1。

2. 识读电路图

查阅卡罗拉维修手册电路图册，检索关于点火系统的电路信息，完成电路识图。

（1）ECU 控制单元所在电路图的页码是_____。

（2）查阅维修手册电路图 F 篇，找出发动机室继电器盒内保险丝、继电器分布（见图 2-2-2），
完成下列图表，标记出对应编号的保险丝、继电器或节点的名称和代码。

①参照保险丝盒外形图 2-2-2，写出对应编号保险丝名称并写出对应保险丝的电流。图中"1L"所连接的线束为_____线束。

*10:

*11:

*12:

*13:

*14:

*15:

*16:

*17:

*18:

*19:

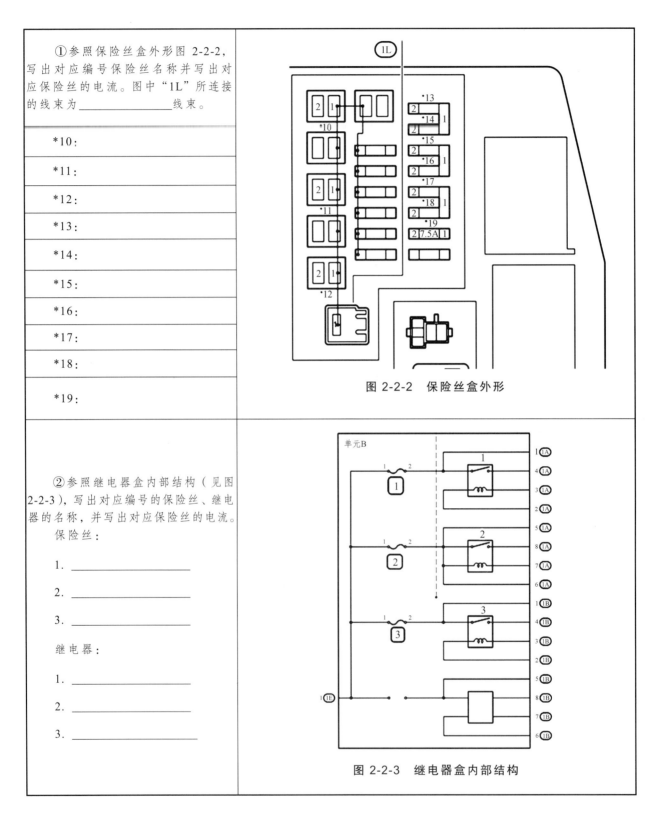

图 2-2-2　保险丝盒外形

②参照继电器盒内部结构（见图 2-2-3），写出对应编号的保险丝、继电器的名称，并写出对应保险丝的电流。

保险丝：

1. _____

2. _____

3. _____

继电器：

1. _____

2. _____

3. _____

图 2-2-3　继电器盒内部结构

3. 拆绘点火系统电路图

（1）拆绘电路图。在维修手册电路图"发动机控制"中拆绘实车或台架点火系统电路图，要求 ECU 电源控制电路完整，标注元器件名称、代码、内部结构以及导线颜色、坐标对应关系等（请绘制在下页方框内）。

（2）展示评价。结合职业能力评价表进行展示评价——附件 3。

（3）绘制连接器外形图。

查阅维修手册，找出电路图中元器件对应的插头，完成元器件插头绘制表 2-2-1，绘制实车端子分布图（阴端子侧），在图中标注起始端子号，写出对应管脚英文代号及相关含义。

表 2-2-1　元器件插头绘制

	连接器代码	线束页码	连接器页码	连接器颜色	端子数、英文代号及含义	端子分布图
1	B3	P107	P346	Gray	2 个 1#——ETHW 水温传感器接地线 2#——THW 水温传感器信号线	
2	B13					
3	B20					
4	B26					
5	B27					
6	B28					
7	B29					
8	B30					
9	D1					

六、评价反馈

组员进行自我评价、相互评价，完成学习评价表 2-2-2 所示的相应内容。

组间评价说明：

（1）电路识图。评价人任意指定点火系统相关的元器件，被评价人在电路图册中找出相应元器件所在的页码，并在实车或台架上找出对应的元器件，填写于评价表中。

（2）评价要求。组间评价表由评价人给予对应评价等级：单行全对的得"A"，错两个（含）以下的得"B"，错两个以上的得"C"。

表 2-2-2　学习评价表

项　目	评价内容	评价等级		
		😎	😊	☹
自我评价	学到的知识点：			
	学到的技能点：			
	不理解的有：			
	还需要深化学习并提升的有：			
组内评价	○按时到场　　○工装齐备　　　　○书、本、笔齐全			
	○安全操作　　○责任心强　　　　○7S 管理规范			
	○学习积极主动　○合理使用教学资源　○主动帮助他人			
	○接受工作分配　○有效沟通　　　○高效完成工作任务			
组间评价	元件代码　　元件名称　　在电路图册中的页码　在实车中的位置			
	B23			
	发动机主继电器			
小组评语及建议	他（她）做到了： 他（她）的不足： 给他（她）的建议：	组长签名： 　　年　　月　　日		
老师评语及建议		评价等级： 教师签名： 　　年　　月　　日		

七、学习材料

（一）发动机电控系统零件的介绍和作用

发动机电控系统零件示意图如图 2-2-4 所示。

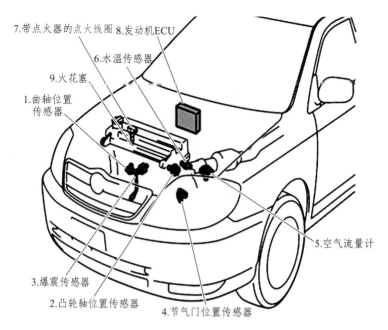

图 2-2-4 发动机电控系统零件示意图

1. 曲轴位置传感器

曲轴位置传感器用于探测曲轴角度位置（发动机转速）。由永久磁铁和传感线圈组成的磁脉冲式传感器，装在飞轮的侧面，与飞轮上的齿相对应。发动机曲轴每转一周产生相应齿数的脉冲信号。转速传感器产生的电信号从发动机电子控制单元的插脚进入，作为计算发动机转速和点火提前角的主要依据。

2. 凸轮轴位置传感器

凸轮轴位置传感器用于辨认气缸和行程，并探测凸轮轴正时。凸轮轴位置传感器由霍尔触发器、永久磁铁和缺口转子组成，并安装在分电器内，转子只有一个缺口，发动机凸轮轴每转一周产生一个脉冲信号。霍尔传感器的信号与点火基准传感器的信号一起从发动机电子控制单元的插脚进入。

3. 爆震传感器

爆震传感器安装于气缸体中部位置。爆震传感器与其他元件没有联系，检测的信号直接加到微机控制器上。在微机点火控制系统中，因为发动机的最佳点火提前角曲线和它的爆震曲线（爆震时的点火提前角）很接近，所以发动机工作时可能发生爆震。爆震时会产生特殊频率的振动，使发动机功率下降、油耗增加，加速机件磨损。爆震传感器由压电晶体制成，可检测爆震时产生的振动频率并转换成电信号，微机控制器爆震时修正点火提前角的依据是探测发动机的爆震。

4. 节气门位置传感器

节气门位置传感器安装于进气歧管节气门体上，探测节气门的开启角。

5. 空气流量计

空气流量计安装于进气总管上，用于探测进气量。

6. 水温传感器

水温传感器安装于发动机机体水道上，探测发动机冷却液温度。温度传感器由热敏电阻组成，用以将温度信号转变为电信号传入发动机电子控制单元内，作为控制系统根据进气温度和冷却液温度修正点火时刻的依据。

7. 带点火器的点火线圈

在最佳正时时，带点火器的点火线圈接收 ECU 信号，接通和切断初级线圈的电流，并将结果信号反馈给 ECU。

8. 发动机 ECU

发动机 ECU 根据多个传感器发出的信号，产生点火信号并发送给点火器。

9. 火花塞

火花塞产生电火花，引燃混合气。

（二）各传感器与 ECU、执行器的关系

各传感器与 ECU、执行器的关系如图 2-2-5 所示。

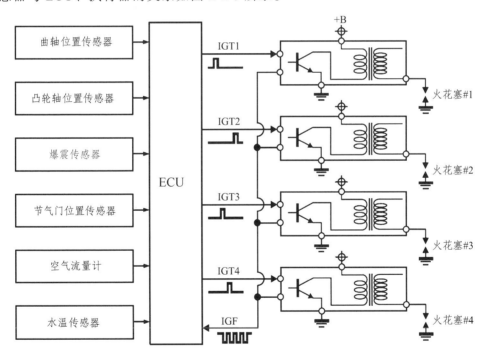

图 2-2-5　传感器与 ECU、执行器的关系

点火开关打至 KEY Start 时，启动机带动发动机转动，此时曲轴转动，曲轴位置传感器检测到发动机转动，发出信号给控制单元。同时发动机控制单元接收其他传感器信号，用以判断发动机运转情况，确定给点火线圈点火信号，使点火线圈对火花塞进行跳火。

点火开关回到 KEY On 档时，发动机已能自行运转，通过各个传感器不断接收相关信号，控制单元不断进行处理计算，以调整点火时刻。

传感器检测发动机信号，输入发动机控制单元，发动机控制单元经过处理计算，再输出信号控制点火线圈对火花塞进行点火。

（三）电路图术语符号

1. 电路图术语符号（见表 2-2-3）

表 2-2-3　术语符号

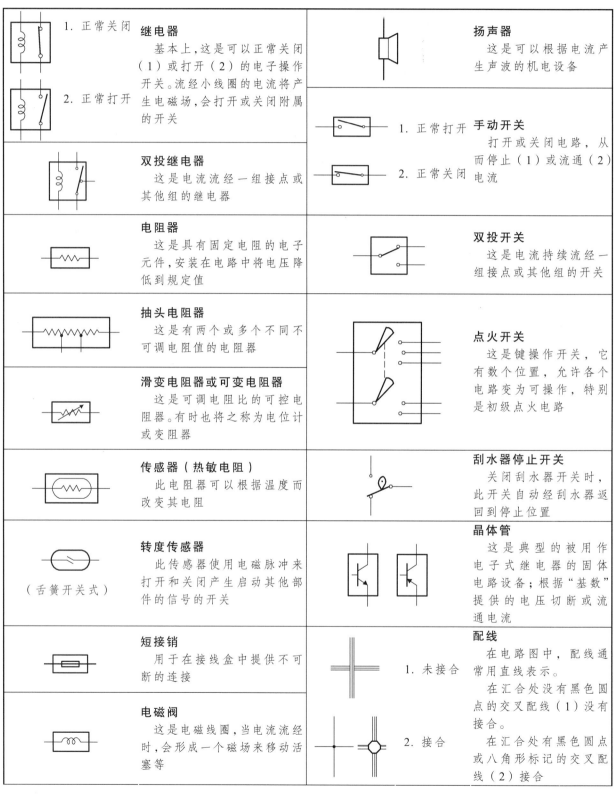

1. 正常关闭 **继电器** 基本上，这是可以正常关闭（1）或打开（2）的电子操作开关。流经小线圈的电流将产生电磁场，会打开或关闭附属的开关 **2. 正常打开**	**扬声器** 这是可以根据电流产生声波的机电设备
	1. 正常打开 **手动开关** 打开或关闭电路，从而停止（1）或流通（2）电流 **2. 正常关闭**
双投继电器 这是电流流经一组接点或其他组的继电器	
电阻器 这是具有固定电阻的电子元件，安装在电路中将电压降低到规定值	**双投开关** 这是电流持续流经一组接点或其他组的开关
抽头电阻器 这是有两个或多个不同不可调电阻值的电阻器	**点火开关** 这是键操作开关，它有数个位置，允许各个电路变为可操作，特别是初级点火电路
滑变电阻器或可变电阻器 这是可调电阻比的可控电阻器。有时也将之称为电位计或变阻器	
传感器（热敏电阻） 此电阻器可以根据温度而改变其电阻	**刮水器停止开关** 关闭刮水器开关时，此开关自动经刮水器返回到停止位置
转度传感器 此传感器使用电磁脉冲来打开和关闭产生启动其他部件的信号的开关 （舌簧开关式）	**晶体管** 这是典型的被用作电子式继电器的固体电路设备；根据"基数"提供的电压切断或流通电流
短接销 用于在接线盒中提供不可断的连接	**配线** 在电路图中，配线通常用直线表示。 在汇合处没有黑色圆点的交叉配线（1）没有接合。 在汇合处有黑色圆点或八角形标记的交叉配线（2）接合 **1. 未接合** **2. 接合**
电磁阀 这是电磁线圈，当电流流经时，会形成一个磁场来移动活塞等	

符号	名称与说明	符号	名称与说明
	蓄电池 储存化学能并将其转化为电能,给汽车的各个电路提供直流电		**搭铁** 指配线连接车身的点,给电路提供回路;如果没有搭铁,则电流不能流动
	电容器 小型临时电压保持装置	1. 单丝	**前大灯** 电流使前大灯灯丝加热并发光。前大灯既可以有一根灯丝(1),也可以有两根灯丝(2)
	点烟器 电阻加热元件	2. 双丝	
	断路器 断路器是一根可再次使用的保险丝,如果流经的电流过大,断路器将变热并断开。冷却之后部分装置自动重新设定,而另一部分必须重新手动设定		**喇叭** 发出高频音频信号的电子设备
	二极管 仅允许电流单向流通的半导体		**点火线圈** 将低压直流电转换为点燃火花塞的高压点火电流
	二极管,稳压二极管 此二极管只有规定电压时允许电流单向流通并阻止逆向流通。超过该电压,则由其分流余压。可以简单起到调压器的作用		**灯** 流经灯丝的电流加热灯丝并使之发光
	光敏二极管 根据光线数量控制电流的半导体		**LED(发光二极管)** 基于电流,这些二极管不同于一般的灯,它发光但不产生热量
	分电器,IIA 将高压电流从点火线圈引到每个火花塞		**模拟型仪表** 电流将启动一个电磁线圈,这将会导致指针的移动,从而提供一个与背景刻度相对照的相关显示
(中等电流保险丝)	**保险丝** 这是一薄的金属片,如果流经的电流过大,则会熔断,从而切断电流来保护电路免受损坏。	FUEL	**数字型仪表** 电流启动 LED、LCD 或荧光显示屏中的一个或数个,将提供相关显示或数字显示
(大电流保险丝或保险熔丝)	**熔断丝** 这是位于大电流电路中的粗导线,如果电负荷过大,则会熔断,从而保护电路。数字表示导线的横截面面积		**电动机** 这是将电能转换为机械能的电源装置,特别是对于旋转运动

2. 常见符号说明

如表 2-2-4 所示，图中的符号各有不同含义，符号内代号说明如图 2-2-6 所示。

表 2-2-4　符号说明表

符号	○	▢	▢(灰)	□	▽
形状	圆形	矩形圆角	矩形圆角带灰底色	矩形	三角形
含义	元件位置	继电器盒	接线盒中的连接器	线束中的连接器	接地点
举例	"A3"表示元件代码，也表示插头代码	"1"表示1号继电器盒	"2B"表示2号接线盒的B插头	"BA1"表示线束中的连接器 BA1	"E2"表示接地点 E2

○ : Parts Location

Code		See Page	Code	See Page	Code		See Page
A1		57	B11	53	B88		53
A3		57	B12	53	B89		53
A5		57	B13	53	D1		53
A41		52	B15	53	E4		54
A45	A	57	B19	53	E11		54
A46	B	57	B20	53	E21	B	54

▢ : Relay Blocks

Code	See Page	Relay Blocks (Relay Block Location)
1	22	Engine Room R/B(Engine Compartment Left)
6	47	R/B No.6(Instrument Panel Center)

▢ : Junction Block and Wire Harness Connector

Code	See Page	Junction Block and Wire Harness(Connector Location)
1A	26	Engine Room Main wire and Engine Room J/B(Engine Compartment Left)
1B		
1J	23	
2A	28	Floor Wire and Instrument Panel J/B (Cowl Side Left)
2B	28	Engine Room Main Wire and Instrument Panel J/B(Cowl Side Left)

□ : Connector Joining Wire Harness and Wire Harness

Code	See Page	Joining Wire Harness and Wire Harness(Connector Location)
AE1	65	Engine Room Main Wire and Instrument Panel Wire (Left Side of the Instrument Panel)
AE2		
AE3		
AE4		

▽ : Ground Points

Code	See Page	Ground Points Location
A1	64	Front Fender Apron LH
B1	64	Engine Block Center
B2		
B2	65	Left Side of the Instrument Panel

图 2-2-6　符号内代号说明图

3. 元器件位置查找

根据元器件位置说明图（见图 2-2-7）对元器件位置和页码的说明，在元器件的代码所对应的页码中找出元器件，并可根据元器件名称确定元器件的具体位置。如图 2-2-7 所示，图中 A6 表示左侧转向信号灯的插头，位于左侧翼子板内线束。

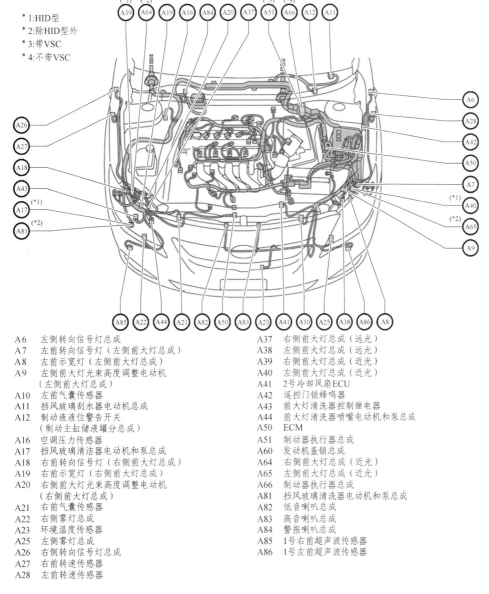

* 1:HID型
* 2:除HID型外
* 3:带VSC
* 4:不带VSC

A6　左侧转向信号灯总成	A37　右侧前大灯总成（远光）
A7　左前转向信号灯（左侧前大灯总成）	A38　左侧前大灯总成（远光）
A8　左前示宽灯（左侧前大灯总成）	A39　右侧前大灯总成（近光）
A9　左侧前大灯光束高度调整电动机	A40　左侧前大灯总成（近光）
（左侧前大灯总成）	A41　2号冷却风扇ECU
A10　左前气囊传感器	A42　遥控门锁蜂鸣器
A11　挡风玻璃刮水器电动机总成	A43　前大灯清洗器控制继电器
A12　制动液液位警告开关	A44　前大灯清洗器喷嘴电动机和泵总成
（制动主缸储液罐分总成）	A50　ECM
A16　空调压力传感器	A51　制动器执行器总成
A17　挡风玻璃清洁器电动机和泵总成	A60　发动机盖锁总成
A18　右前转向信号灯（右侧前大灯总成）	A64　右侧前大灯总成（近光）
A19　右前示宽灯（右侧前大灯总成）	A65　左侧前大灯总成（近光）
A20　右侧前大灯光束高度调整电动机	A66　制动器执行器总成
（右侧前大灯总成）	A81　挡风玻璃清洗器电动机和泵总成
A21　右前气囊传感器	A82　低音喇叭总成
A22　右侧雾灯总成	A83　高音喇叭总成
A23　环境温度传感器	A84　警报喇叭总成
A25　左侧雾灯总成	A85　1号右前超声波传感器
A26　右侧转向信号灯总成	A86　1号左前超声波传感器
A27　右前转速传感器	
A28　左前转速传感器	

图 2-2-7　元器件位置分布图

4. 保险丝位置查找

根据元器件位置说明图（见图 2-2-8）对元器件位置和页码的说明，找出继电器或保险丝所在继电器盒的页码，根据页码找出保险丝的具体位置，并在继电器盒中找出保险丝的连接端子。如图 2-2-8 所示，图中 ETCS 10A 电子节气门和自动变速箱保险丝位于 1 号继电器盒，且该保险丝的 1、2 端子连接于继电器盒。

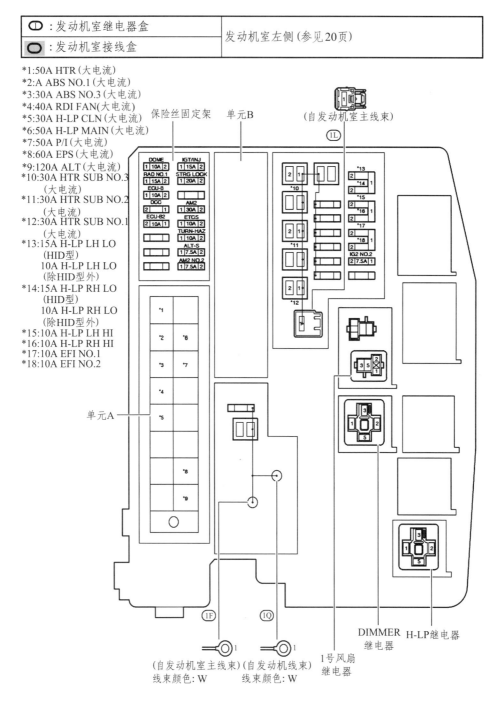

图 2-2-8　继电器盒正面布置图

5. 接线盒插座的查找

根据元器件位置说明图（见图 2-2-9），找出接线盒页码，在接线盒中找出插头对应插座的具体位置，进而找出插座的端子分布。如图 2-2-9 所示，图中 2B 插头表示该插头对应的插座位于 2 号接线盒的 B 位置，在该位置能够找出 2B 插头的形状和端子分布，插座与插头的端子分别为阴阳两极，刚好相反。

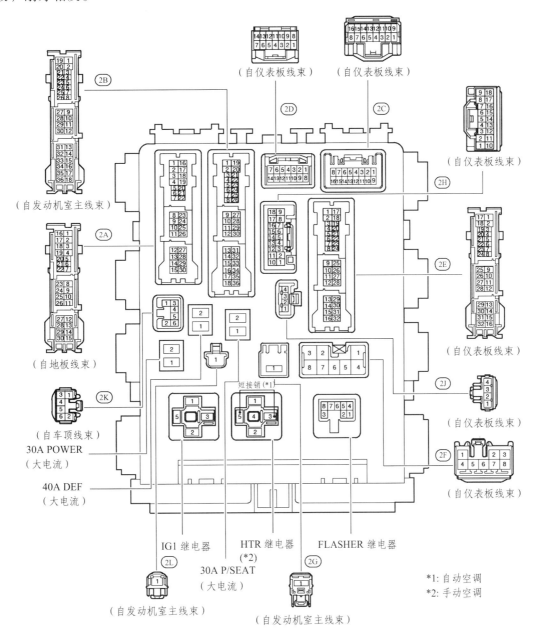

图 2-2-9　接线盒端子分布

6. 找出元器件或转接头的端子分布

根据元器件位置说明图（见图 2-2-10），找出元器件或转接头的代码，在电路图册的连接器表中逐页查找所需的连接器。如图 2-2-10 所示，AE7 插头为蓝色，且有阴阳端子之分，在查找时要根据电路图的箭头标示，区别出阴阳端子，并根据对应的端子检查线路。

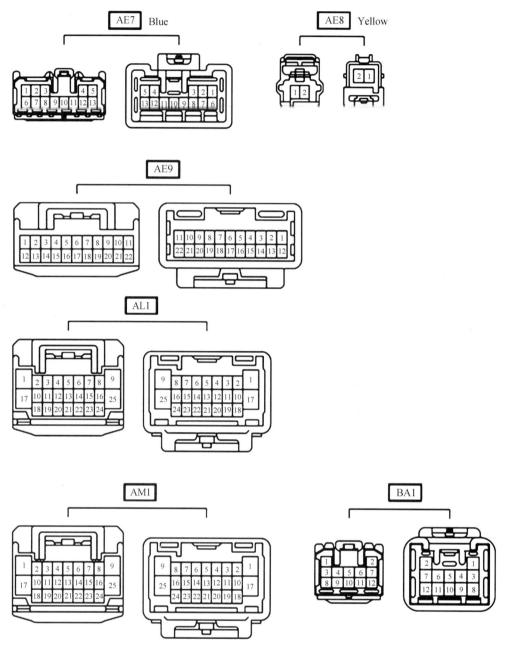

图 2-2-10　端子分布图

学习活动三　发动机火花塞不点火故障排除

一、学习目标

（1）能够根据操作要点，规范填写维修工作单，合理分配人员，并具体实施。

（2）能够根据制订的维修方案，参照维修手册检查控制线路。

（3）能够参照维修手册，拆装点火系统零部件。

（4）能够完成点火系统元器件（如火花塞、曲轴位置传感器等）的检测及性能判断。

（5）能够使用检测设备检测零部件波形及读取关键数据流。

（6）能够排除点火系统故障，记录工作过程并形成完整的排除故障思路。

（7）能够在团队作用下，独立或集体完成学习任务。

（8）能够执行活动过程的7S管理要求。

（9）能够按职业能力评价要求进行展示评价。

二、学习准备

设备：卡罗拉发动机实训台架或整车、举升机、充电机、汽车故障诊断仪、示波器等。

常用工量具：工具车1套，配备常用梅花扳手、套筒扳手、螺丝刀、试灯、万用表、塞尺等。

油料、材料：火花塞、点火线圈、保险丝、汽油、碎布等。

资料：网络资源、维修手册、维修工作单、安全操作规程。

分组：每组5~6人，小组讨论后，由组长按岗位分配人员。

三、学习内容

发动机火花塞不点火故障排除学习任务如图2-3-1所示。

图 2-3-1 学习任务

四、引导问题

（1）磁电式曲轴位置传感器由_____、_____、_____三部分组成。

（2）磁电式曲轴位置传感器的信号类型为_____，所产生的信号特性与发动机_____有关，即发动机转速_____，信号振幅_____，信号的频率_____。

（3）霍尔式凸轮轴位置传感器的信号类型为_____，发动机转速越高，信号振幅_____，信号的频率_____。

（4）在发动机点火系统中，火花塞的作用是_____；火花塞电极间标准间隙为_____。

（5）水温传感器和进气温度传感器都内装有_____电阻，属于（正/负）温度系数电阻，即随着温度的_____，则电阻_____，相反温度_____，则电阻_____。

（6）无分电器电控点火系统可分为_____、_____、_____三种类型。

（7）磁致伸缩式爆震传感器利用＿＿＿＿＿＿＿＿＿＿＿＿＿＿＿＿＿＿＿＿原理检测发动机是否发现爆震。

（8）压电式爆震传感器利用＿＿＿＿＿＿＿＿＿＿＿＿＿＿＿＿＿＿＿＿＿原理检测发动机是否发现爆震。

五、学习过程

（一）电控线路检测

结合维修手册，利用万用表或试灯检查点火系统 ECM 电源线路，完成表 2-3-1。

ECM 电源电路检测查找基本路径：＿＿＿＿＿＿＿＿＿＿＿＿＿＿＿＿＿＿＿＿＿＿。

点火线圈电路检测查找基本路径：＿＿＿＿＿＿＿＿＿＿＿＿＿＿＿＿＿＿＿＿＿。

表 2-3-1　控制线路检测表

检查项目	检测点（符号、端子号）	点火开关档位（ON/OFF）	工具	档位	检测值	标准值	检测结果（正常/不正常）
ECM 电源	+B\+B2——接地 例：（2、1——104 ）						
	BATT——接地 （　　　　　）						
	IGSW——接地 （　　　　　）						
	E1——接地 （　　　　　）						
点火线圈电源	+B——接地 （　　　　　）						
	GND——接地 （　　　　　）						
点火线圈至ECM	IGF——IGF （　　　　　）						
	IGT1——IGT1 （　　　　　）						
	IGT2——IGT2 （　　　　　）						
	IGT3——IGT3 （　　　　　）						
	IGT4——IGT4 （　　　　　）						

根据表 2-3-1 中的检测判断, 其控制线路为＿＿＿＿＿＿＿＿＿＿＿＿＿＿＿＿＿＿＿＿ (正常 /
具体故障部位)。

(二)元器件检查

1. 检测曲轴位置传感器

(1) 检测电阻、电压参数。

在图 2-3-2 所示的方框内填写对应端子或元器件代码, 并完成电路连接。

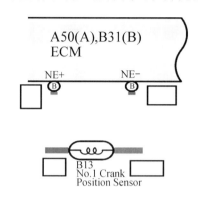

图 2-3-2 曲轴位置传感器线路图

(2) 按要求检测下列参数, 完成表 2-3-2。

线圈电阻参考值为＿＿＿＿＿＿。 信息检索路径: ＿＿＿＿＿＿＿＿＿＿＿＿＿＿＿＿＿＿＿＿
＿＿＿＿＿＿＿＿＿＿＿＿＿＿＿＿＿＿＿＿＿＿＿＿＿＿＿＿＿＿, 可找到该传感器相关
检测信息。

表 2-3-2 曲轴位置传感器检测表

检查项目	检测点 (符号、端子号)	点火开关档位 (ON/OFF)	工具	档位	检测值	标准值	检测结果 (正常 / 不正常)
曲轴位置传感器至 ECM	2——NE－						
	( )						
	1——NE＋						
	( )						
曲轴位置传感器电阻		断开插头					
信号电压		怠速					

(3) 维修手册电路图中的虚线方框的功能和作用分别是 (   )。

A. 接地 屏蔽线   B. 电源 屏蔽线

C. 感应线圈 产生电压   D. 感应线圈 产生磁场

2. 波形测绘

(1) 结合波形图 (见图 2-3-3) 分析图中波形, 完成表 2-3-3。

表 2-3-3　波形识读表

外形		□ 矩形波	□ 正弦波	□ 并列波	□ 直列波
幅值-最大值	周期	频率	最小值	单格时间	单格电压

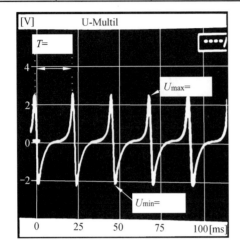

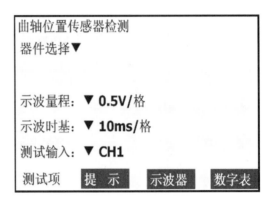

图 2-3-3　波形图

（2）下列对波形参数描述正确的是（　　　　　　）。

A. 外形指电信号变化的规律（形状），即像什么

B. 频率反映电信号的快慢，周期时间越长，信号反应越快

C. 幅值指电信号在任意时刻的电压值

D. 脉冲宽度指工作时间的长短

（3）检测曲轴位置传感器波形。

连接示波器，写出示波器信号线与传感器导线的正确连接方式。

示波器连线	信号线	接地线
传感器端子		

（4）运转检测转速传感器波形，绘制于下图方格中，分析波形参数，并在图中标出单格时间（横轴）、单格电压（纵轴）、最大值、最小值、周期。

（5）根据所测波形参数进行分析，完成表 2-3-4。

表 2-3-4　曲轴位置传感器波形分析表

外形	□ 矩形波		□ 正弦波	□ 并列波		□ 直列波
幅值-最大值	周期	频率	最小值		单格时间	单格电压

对于此类传感器的信号波形描述正确的是，随着发动机转速越高，（　　　　　）。

A. 周期时间越长　　　　　B. 频率越小

C. 电压越高　　　　　　　D. 电压不变

3．检测凸轮轴位置传感器

（1）该车凸轮轴位置传感器类型为（　　　　）（见图 2-3-4）。

A. 磁感应式　　　　　　　B. 霍尔式

C. 光电式　　　　　　　　D. 可变磁阻式

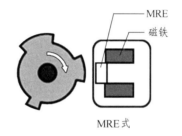

图 2-3-4　凸轮轴位置传感器

（2）按要求检测下列参数，完成表 2-3-5。

信息检索路径：＿＿＿＿＿＿＿＿＿＿＿＿＿＿＿＿＿＿＿＿＿＿＿＿＿＿＿＿＿＿＿

＿＿＿＿＿＿＿＿＿＿＿＿＿＿＿＿＿＿＿＿＿，可找到该传感器相关检测信息。

表 2-3-5　凸轮轴位置传感器检测表

检查项目	检测点（符号、端子号）	点火开关档位（ON/OFF）	工具	档位	检测值	标准值	检测结果（正常/不正常）
凸轮轴位置传感器"A"	VC——接地 （　　　　　）						
	VC——VCV1 （　　　　　）						
	VVI－——G2－ （　　　　　）						
	VVI+——G2+ （　　　　　）						

4. 检测凸轮轴位置传感器波形

（1）示波器调整，完成表 2-3-6。

表 2-3-6　示波器调整

元件选择	示波器量程	示波器时基	通道

（2）测试怠速时的波形，绘制于下图方框中，并在图中标出单格时间（横轴）、单格电压（纵轴）、最大值、最小值、周期。

（3）根据上图中波形参数进行分析，完成表 2-3-7。

表 2-3-7　凸轮轴位置传感器波形分析表

外形	□矩形波		□正弦波	□并列波		□直列波
幅值-最大值	周期	频率	最小值	单格时间		单格电压

通过以上相关检查，其发动机点火系统故障为_____

_____

5. 读取数据流

（1）重新读取并清除发动机故障代码。

（2）读取发动机点火系统相关数据流，完成表 2-3-8。

表 2-3-8　发动机点火系统部分数据流

序号	汽车故障诊断仪显示	测量项目	范　围	测量值
1	Engine Speed			
2	Calculate Load			
3	Coolant Temp			
4	Intake Air			
5	Knock Correct Learn Value			
6	Knock Feedback Value			
7	Ignition			
8	Cylinder #1 Misfire Count			
9	Cylinder #2 Misfire Count			
10	Cylinder #3 Misfire Count			
11	Cylinder #4 Misfire Count			
12	All Cylinder Misfire Count			

6. 故障排除步骤

综合以上故障诊断分析方法，结合维修手册，写出故障排除步骤，利用故障树或其他流程图的形式进行展示。

六、评价反馈

组员进行自我评价、相互评价，完成表 2-3-9 所示的相应内容。

组间评价说明：

（1）电路识图。评价人任意指定燃油系统相关的元器件，被评价人在电路图册中找出相应元器件所在的页码，并在实车或台架上找出对应的元器件，填写于评价表中。

（2）评价要求。组间评价表由评价人给予对应评价等级：单行全对的得"A"，错两个（含）以下的得"B"，错两个以上的得"C"。

表 2-3-9　学习评价表

项　目	评价内容	评价等级		
		😎	🙂	🙁
自我评价	学到的知识点：			
	学到的技能点：			
	不理解的有：			
	还需要深化学习并提升的有：			
组内评价	○ 按时到场　　　　○ 工装齐备　　　　○ 书、本、笔齐全			
	○ 安全操作　　　○ 责任心强　　　　○ 7S 管理规范			
	○ 学习积极主动　○ 合理使用教学资源　○ 主动帮助他人			
	○ 接受工作分配　○ 有效沟通　　　　○ 高效完成工作任务			
组间评价	元件检测　　　标准阻值　　　　检测电压　　　　结果判断			
	B13			
	B3			
	线路检测　　　电压检测　　　　电阻检测　　　　结果判断			
	B26\B27\B28\B29			
	B21\B20			
小组评语及建议	他（她）做到了： 他（她）的不足： 给他（她）的建议：	组长签名： 年　　月　　日		
老师评语及建议		评价等级： 教师签名： 年　　月　　日		

七、学习材料

（一）发动机传感器工作原理

1. 曲轴、凸轮轴位置传感器

曲轴、凸轮轴位置传感器类型可分为电磁式、霍尔式、光电式三种。

（1）磁电式位置传感器（见图 2-3-5）。

原理图   线路图

1—永久磁铁
2—壳体
3—发动机壳体
4—软铁心
5—绕组
6—带有基准标记（齿隙）的齿盘

G28—发动机转速传感器

图 2-3-5 磁电式位置传感器

工作原理：为了测定转速和曲轴位置，在曲轴上装有一个 60 齿的脉冲信号轮，在发动机壳体内装有一个感应式传感器。感应式传感器内的一个永久磁铁产生磁通量。脉冲信号轮转动时就会通过轮齿改变磁通量。磁通量变化时会在感应式传感器绕组上产生一个交流电压。控制单元根据该交流电压的频率计算出转速。

为了测定曲轴位置，脉冲信号轮有一个两轮齿宽的齿隙。齿隙转动经过感应式传感器旁时，就会通过较大的磁通量变化产生一个较高的电压。齿隙对应第一气缸的一个特定曲轴位置，控制单元可根据信号识别出曲轴位置，其工作波形如图 2-3-6 所示。

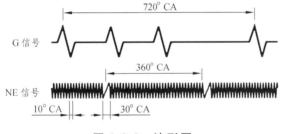

$720°$ CA

G 信号

$360°$ CA

NE 信号

$10°$ CA $30°$ CA

图 2-3-6 波形图

（2）磁阻式位置传感器（见图 2-3-7）。

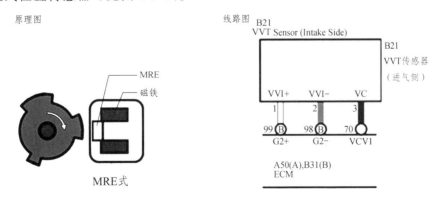

原理图   线路图

B21
VVT Sensor (Intake Side)

MRE
磁铁

MRE式

B21
VVT传感器
（进气侧）

VVI+   VVI-   VC
1   2   3
99 ⒝   98 ⒝   70 ⒝
G2+   G2-   VCV1

A50(A),B31(B)
ECM

图 2-3-7 磁阻式位置传感器

工作原理：基于磁阻效应工作原理，其核心部分采用一片特殊金属材料，其电阻值随外界磁场的变化而变化，通过外界磁场的变化来测量物体的变化或状况。磁阻传感器具有高精度、高灵敏度、高分辨率、良好稳定性和可靠性、无接触测量及宽温度范围的特点，可进行动态和静态测量，广泛应用于低磁场测量、角度和位置测量。

（3）霍尔式位置传感器（见图2-3-8）。

原理图   线路图

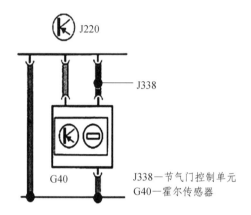

快速启动脉冲信号轮   霍尔传感器   J338—节气门控制单元
G40—霍尔传感器

图 2-3-8　霍尔式位置传感器

工作原理：凸轮轴控制进气门和排气门，并由此确定某一活塞处于随即点火的压缩阶段还是换气阶段，根据曲轴位置无法得到这一信息。霍尔传感器（见图2-3-9）提供有关凸轮轴位置的信息，该信号用于识别第一个气缸处于上止点。控制单元确定喷油顺序和点火顺序，该信号还用于各气缸的爆震调节。

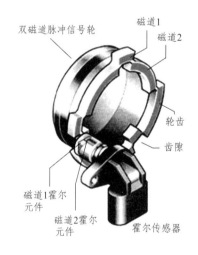

图 2-3-9　霍尔式位置传感器工作原理

快速启动脉冲信号轮由以下元件组成：带有两个相邻磁道的双磁道脉冲信号轮；带有两个并排放置的霍尔元件的霍尔传感器。

每个霍尔元件都扫描脉冲信号轮上的一个磁道，设计要求霍尔元件1位于一个齿隙上，而元件2位于一个轮齿上。因此两个霍尔元件永远不会产生相同的信号。控制单元对比这两个信号，由此识别凸轮轴在哪个气缸上。

一般通过传感器检测约440°曲轴转角后启动燃油喷射。

2. 水温传感器、进气温度传感器

水温传感器和进气温度传感器内部均装有热敏电阻，温度越低则电阻越高，相反温度越高则电阻越低。热敏电阻的电阻值的变化可用于探测冷却液和进气的温度。

发动机电控系统的内装电阻器和传感器内的热敏电阻在电路中串联（见图2-3-10）。所以发动机电控系统内探测到的信号电压根据热敏电阻器的电阻值的变化而变化。

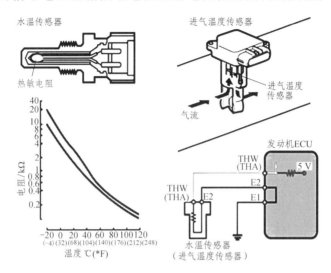

图 2-3-10　水温、进气温度传感器原理图

水温传感器：测量发动机冷却液的温度，当发动机温度低时，则怠速转速必须增加，喷射时间增加和点火正时提前，以改善可行车性和预热性。

进气温度传感器：测量进气温度。

3. 爆震传感器

爆震传感器是发动机电子控制系统中必不可少的重要部件，它的功用是检测发动机有无爆震现象，并将信号送入发动机 ECU。

常见的爆震传感器有两种（见图2-3-11）：一种是磁致伸缩式爆震传感器，另一种是压电式爆震传感器。

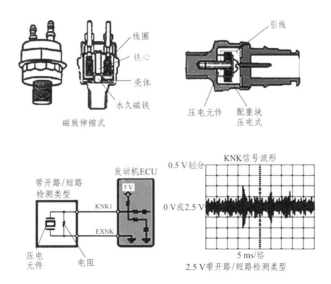

图 2-3-11　爆震传感器

磁致伸缩式爆震传感器内部有永久磁铁，以及靠永久磁铁激磁的强磁性铁心和铁心周围的线圈。其工作原理：当发动机的气缸体出现振动时，该传感器在 7 kHz 左右处与发动机产生共振，强磁性材料铁心的磁导率发生变化，致使永久磁铁穿心的磁通密度也变化，从而在铁心周围的绕组中产生感应电动势，并将这一电信号输入 ECU。

压电式爆震传感器利用结晶或陶瓷多晶体的压电效应而工作，另外也有利用掺杂硅的压电电阻效应的。该传感器的外壳内装有压电元件、配重块及导线等。其工作原理：当发动机的气缸体出现振动，传递到传感器外壳上时，外壳与配重块之间产生相对运动，夹在两者之间的压电元件所受的压力发生变化，从而产生电压。ECU 检测出该电压，并根据其值的大小判断爆震强度。

4. 点火线圈

双缸点火方式指两个气缸合用一个点火线圈，因此这种点火方式只能用于气缸数目为偶数的发动机上（见图 2-3-12）。如在 4 缸机上，当两个缸活塞同时接近上止点时（一个是压缩，另一个是排气），两个火花塞共用同一个点火线圈且同时点火，这时一个是有效点火，另一个则是无效点火，前者处于高压低温的混合气之中，后者处于低压高温的废气中，因此两者的火花塞电极间的电阻完全不一样，产生的能量也不一样，导致有效点火的能量大得多，约占总能量的80%。

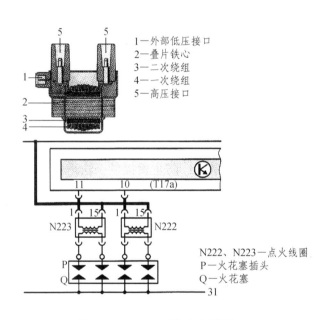

1—外部低压接口
2—叠片铁心
3—二次绕组
4—一次绕组
5—高压接口

N222、N223—点火线圈
P—火花塞插头
Q—火花塞

图 2-3-12　双火花点火线圈

单独点火方式是每个气缸分配一个点火线圈，点火线圈直接安装在火花塞的顶上，取消高压线（见图 2-3-13）。这种点火方式通过凸轮轴传感器或通过监测气缸压缩来实现精确点火，它适用于任何缸数的发动机，特别适合每缸 4 气门的发动机使用。因为火花塞点火线圈组合可安装在双顶置凸轮轴（DOHC）的中间，充分利用了间隙空间。由于取消分电器和高压线，能量传导损失及漏电损失极小，没有机械磨损，各缸的点火线圈和火花塞装配在一起，外用金属包裹，大幅减少了电磁干扰，可以保障发动机电控系统正常工作。

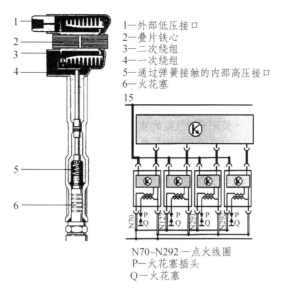

1—外部低压接口
2—叠片铁心
3—二次绕组
4——一次绕组
5—通过弹簧接触的内部高压接口
6—火花塞

N70~N292—点火线圈
P—火花塞插头
Q—火花塞

图 2-3-13　单火花点火线圈

5. 双火花塞直接点火

其功能如下：

（1）双火花塞直接点火能缩短火焰传播的行程，提高可燃混合气的燃烧速度，改善动力性指标，降低油耗。

（2）双火花塞直接点火有时间差，适应各种工况需要，可实现分层燃烧，改善了净化指标，降低了油耗。

（3）双火花塞直接点火能改善燃烧条件，消除爆震危害，延长相关部件的使用寿命。

（4）双火花塞直接点火能提高点火系统的可靠性，不易出现"缺缸"故障。

（5）双火花塞与双点火线圈的使用，使同样转速下，单位时间内通过点火线圈的电流小，点火线圈不易发热，可以加大点火线圈一次侧电流和导通时间，能在 9 000 r/min 的转速范围内提供足够的点火能量。

6. 智能双火花塞直接点火系统的工作原理

（1）该系统为单缸智能双火花塞直接点火方式（见图 2-3-14），其点火器（ICM）和点火线圈制成一体，直接压装在前后火花塞上，无高压电漏电损失，点火能量大，电磁干扰小。

（2）大功率晶体管（VTR）在电控单元（ECM/PCM）中用来控制点火线圈一次侧线圈电路的通断，在点火线圈二次侧线圈产生 30 ~ 40 kV 的高压电。ECM/PCM 和点火器相配合，编程处理各种信号，完成判缸顺序点火控制、点火反馈控制、点火提前角及闭合角修正控制和过载保护控制。

（3）自感电动势不仅在切断点火线圈一次侧线圈电流时产生（VTR 截止时），在 VTR 导通时点火线圈二次侧线圈也会产生 1 000 V 的反向电动势。为此，在点火线圈二次侧线圈中串联一个高压二极管，它能反向截止因 VTR 导通产生的反向电动势，防止误点火。

（4）ECM/PCM 根据发动机工况和燃烧条件的变化，利用转速信号、节气门位置信号、进气压力信号和车速信号，逻辑分析最佳控制条件，自动调节前、后两个火花塞点火提前角的大小和时间差，实现动力性、经济性和净化性的最佳控制。

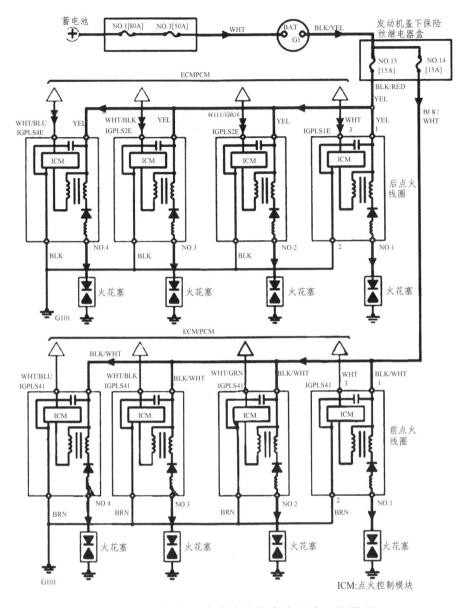

图 2-3-14　智能双火花塞直接点火系统工作原理

（二）点火提前角的修正原则

① 怠速工况以平稳性和净化性为主。

② 中等负荷工况以经济性和净化性为主。

③ 大负荷工况以最大扭矩（动力性）为主，同时防止爆震的产生（见表2-3-10）。

表 2-3-10　点火提前角的修正原则

发动机工况	前火花塞	后火花塞	目　的
怠速工况	同时点火		加快燃烧速度，提高净化指标
低速、小负荷工况	提前点火	正常点火	改善燃烧条件，降低油耗，提高净化指标
低速、大负荷工况	提前点火	延迟点火	提高平均有效压力和转矩，减少爆震
高速工况	同时点火		加快燃烧速度，改善动力指标

学习任务三 发动机燃油喷射系统故障诊断与排除

专业名称	汽车技术服务与营销	一体化课程名称	汽车发动机电控系统故障诊断与排除
学习任务	发动机燃油喷射系统故障诊断与排除	建议学时	48
工作情境描述	王先生准备驾驶车辆外出办事，发现车辆无法启动，仪表显示燃油充足，现车辆进厂维修，技术人员初步诊断为燃油系统故障。作为未来的维修人员，我们将会按照维修工作单和车间作业流程，在老师的指引下，按照维修手册的要求，对本故障进行规范拆检，制订维修方案，确定故障部位，排除故障，恢复车辆性能并最终检验合格后交付前台		
学习任务描述	在老师的指导下确认车辆无法启动的故障现象。接受故障排除任务后学习燃油系统的结构组成及工作原理，并完成相关工作页的填写，对燃油系统相关部件进行检测，确定故障部位，制订维修方案，排除故障并竣工检验合格，交付车辆后进行总结、评价		
与其他学习任务的关系	在汽车维护保养学习任务中，在了解汽车发动机基本结构的基础上完成本学习任务，通过本学习任务的学习，为汽车发动机故障诊断的其他学习任务打下基础		
学生基础	学生已经完成了汽车维护、保养的操作知识，对汽车发动机各系统的结构认识有了一定的了解		
学习目标	1. 知识 （1）能通过维修手册及网络资源检索燃油系统故障的相关信息。 （2）能描述燃油系统的作用、结构组成和工作原理。 （3）能描述电路图的识读方法以及电路拆绘的要点。 （4）能描述燃油系统常见故障原因和排除方法。 2. 技能 （1）能正确测试燃油系统性能，确认故障现象并初步分析故障原因。 （2）能识读并按要求拆绘燃油系统电路图，分析故障原因，制订维修方案并进行展示评价。 （3）能在老师的指引下，按照故障检修流程，拆检相关部件，检测线路，确定故障部位并最终排除故障后进行总结评价。 （4）能就车拆装喷油器，按要求进行喷油试验及检测。 （5）能正确拆解与组装燃油系统零部件，对组成零部件进行检测养护。 3. 素养 （1）能在团队作用下独立或协作完成故障检修、总结评价等任务。 （2）能遵守工作过程的7S检验和职业能力展示评价		
学习内容	（1）学习安全操作规程及7S现场管理规定。 （2）维修手册、电路图册的使用。 （3）检测仪器（燃油压力检测仪、喷油器清洗检测仪）的认识与使用。 （4）喷油器性能参数检测及判断。 （5）燃油系统的作用、结构组成及工作原理。 （6）汽车燃油系统电路图的识读及拆绘。 （7）燃油系统故障检测及排除。 （8）喷油器拆解与性能检测。 （9）与他人沟通合作，获取信息，对学习与工作进行总结，展示评价		
教学条件	维修手册、安全操作规程、车间管理制度、7S管理规范制度、普通拆装工具、万用表、燃油压力检测仪、汽车故障诊断仪、喷油器清洗检测仪、车辆、举升机等		

教学组织形式	教学组织形式：小组学习。 1. 情景再现 教师组织学生以小组的形式观察燃油泵不工作的现象,初步检查,明确学习任务。 2. 初步分析 小组利用工作页和相关知识分析燃油系统故障现象及原因。 3. 制订方案 学生分组拆绘燃油系统电路图,分析故障原因,制订维修方案并展示评价。 4. 实施方案 小组进行发动机燃油系统的拆装检测,排除故障,工作过程实行自检、互检和终检三级检验。 5. 评价反馈 小组总结、评价,实行自评、互评、教师点评综合评价
教学流程与活动	1. 教学流程 复习与提问→再现情境→任务导入→任务分配→任务实施→评价反馈。 2. 学习活动 <table><tr><td>学习活动一</td><td>发动机燃油泵不工作故障分析</td><td>12学时</td></tr><tr><td>学习活动二</td><td>发动机燃油泵不工作故障诊断与排除</td><td>12学时</td></tr><tr><td>学习活动三</td><td>发动机喷油器不喷油故障诊断与排除</td><td>24学时</td></tr></table>
评价内容与标准	1. 专业能力评价标准 （1）规范使用工量具和检测设备。 （2）通过仪器检测判断燃油供给系统性能。 （3）拆绘电路图,分析故障原因,完成鱼骨图。 （4）按照故障诊断流程排除故障并总结排除故障的思路。 （5）描述燃油系统的作用、结构组成和工作原理。 （6）描述电路图查阅方法和思路。 （7）拆装喷油器,利用仪器检测性能。 （8）工作过程的自检、互检、终检和7S监督,执行安全操作,做好安全防护。 2. 社会能力评价标准 （1）收集资料、方案制作能力（PPT制作能力、图案绘制能力）。 （2）展示表达能力,沟通交流能力,团队协作能力。 （3）观察分析相互评价、相互肯定与提升的能力。 3. 方法能力评价标准 （1）电路识图方法。 （2）通过维修手册和网络资源有效获得支撑资料的方法。 （3）通过维修资料和场地资源,小组、老师等团队资源解决问题的方法

学习活动一　发动机燃油泵不工作故障分析

一、学习目标

（1）能够在老师指引下，查阅资料，完成发动机电控燃油系统组成的信息检索。

（2）能够根据操作要点，规范填写维修工作单，合理分配人员，并具体实施。

（3）能够分析并描述燃油泵的控制原理及可能的故障现象和原因。

（4）能够绘制实车或台架燃油控制流向图，并描述燃油供给结构的组成及工作过程。

（5）能够实车或台架认知电控燃油系统元件，并描述各部件的名称、作用和安装位置。

（6）能够建立初步诊断思路，分析燃油系统可能的故障现象和原因，并简要列举检测步骤。

（7）能够在团队作用下，独立或集体完成学习任务。

（8）能够执行活动过程的 7S 管理要求。

（9）能够按职业能力评价要求进行展示评价。

二、学习准备

设备：卡罗拉发动机实训台架或整车、举升机、充电机、汽车故障诊断仪、燃油压力检测仪等。

常用工量具：工具车 1 套，配备常用梅花扳手、套筒扳手、螺丝刀、试灯、万用表、塞尺等。

油料、材料：汽油滤清器、保险丝、汽油、碎布等。

资料：网络资源、维修手册、维修工作单、安全操作规程。

分组：每组 5～6 人，小组讨论后，由组长按岗位分配人员。

三、学习内容

发动机燃油泵不工作故障分析学习任务如图 3-1-1 所示。

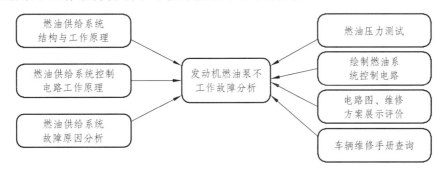

图 3-1-1　学习任务

四、引导问题

（1）电控汽油机的燃油供给系统由＿＿＿＿＿＿＿＿、＿＿＿＿＿＿＿＿、＿＿＿＿＿＿＿＿、
＿＿＿＿＿＿＿＿、＿＿＿＿＿＿＿＿、＿＿＿＿＿＿＿＿等组成。

（2）燃油箱的真空度过高时，通过＿＿＿＿＿＿＿＿＿＿＿＿＿＿阀调节油箱内压力平衡。燃油泵的两种类型为_____和_____。

（3）燃油供给系统正常工作时压力值范围为_____MPa；1MPa = _____kgf/cm^2=_____kPa = _____bar。

（4）无回油管的燃油供给系统，在油泵的_____上设有_____，当输出的油压大于_____的弹簧压力时，阀芯打开，燃油压力泄压直接回到油箱中，因此不需要回油管。

（5）外置式燃油压力调节器一般安装于_____附近，发动机运转时，其对燃油的压力调节是根据发动机_____和弹簧预紧力共同作用在膜片上，进行燃油压力调节。

（6）在部分燃油供给系统中设有脉动缓冲器，安装于_____，其作用是_____。

（7）燃油泵电路符号_____。

五、学习过程

1. 填写维修工作单

（1）根据学习活动拆分活动环节或步骤，制订相关维修作业计划。

（2）小组讨论分工填写维修工作单——附件1。

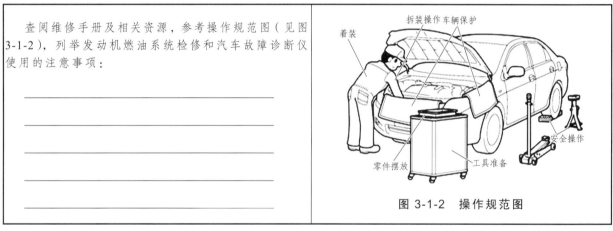

查阅维修手册及相关资源，参考操作规范图（见图3-1-2），列举发动机燃油系统检修和汽车故障诊断仪使用的注意事项：

_____

_____

_____

_____

_____

图 3-1-2　操作规范图

2. 识别燃油系统元器件

识别燃油系统元器件，填写图 3-1-3 中的方框，指出各部件名称和作用，在实车或台架上找出对应的元器件并贴上标签，标示出名称。将各元器件名称填写在表 3-1-1 内，并写出对应元器件的作用及安装位置。

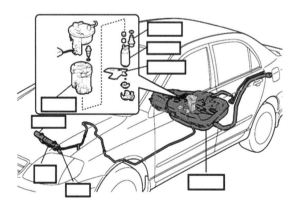

图 3-1-3　元件结构位置

（1）元器件名称。

A. 燃油滤清器 B. 输油管 C. 脉动缓冲器 D. 压力调节器

E. 燃油泵 F. 燃油箱 G. 燃油泵滤清器 H. 喷油器

（2）完成表 3-1-1 中的元器件作用及安装位置。

表 3-1-1 元器件作用及安装位置

元器件名称或代号	作 用	安 装 位 置

3. 确认故障现象

启动发动机确认故障现象，使用燃油压力表测试燃油系统压力，并利用汽车故障诊断仪进行执行元件测试，进行初步诊断。

（1）燃油压力测试——查阅卡罗拉维修手册 1ZR-FE/2ZR-FE 发动机控制系统——FU 相关信息，参照安装示意图（见图 3-1-4）安装燃油压力表，并写出燃油压力测试步骤。

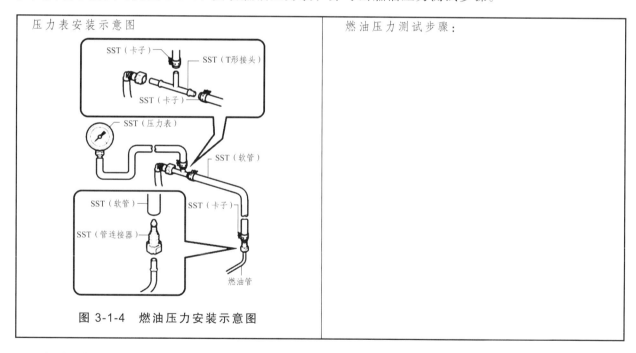

压力表安装示意图	燃油压力测试步骤：
图 3-1-4 燃油压力安装示意图	

（2）利用汽车故障诊断仪进行执行元件测试。

① 连接汽车故障诊断仪到 DLC3。

② 点火开关置于 ON（IG）位置。

③ 打开汽车故障诊断仪后选择以下菜单：Powertrain/Engine/Active Test/Control the Fuel Pump/Speed。

④ 在汽车故障诊断仪上执行主动测试检查，并完成表 3-1-2。

表 3-1-2　油泵工作状态

项　目	声音/动作/状态	结　果
油　泵		
压力表		
压力值		（　　　　）MPa

◆故障确认：_____。

4．绘制卡罗拉发动机燃油供给系统结构图

（1）绘制结构图。观察实车燃油系统管路，绘制燃油供给系统结构框图，并标注元器件名称，标示出燃油压力流向。

（2）展示评价。结合职业能力评价表进行展示评价——附件 2。

5. 拆绘电路图

查阅卡罗拉维修手册电路图册，检索关于燃油供给系统的电路信息，拆绘电路图。

（1）油泵控制系统所在电路图的页码是＿＿＿＿＿＿＿＿。

（2）拆绘电路图。在维修手册电路图"发动机控制"中拆绘实车或台架燃油供给系统电路图，要求 ECU 电源控制电路完整，标注元器件名称、代码、内部结构以及导线颜色、端子编号的对应关系等。

（3）展示评价。结合职业能力评价表进行展示评价——附件 3。

（4）根据以上所绘制的燃油系统供给控制电路图，描述燃油泵工作原理。

① 点火开关——ON（IG）档：_____

_____

② 点火开关——STA 档：_____

_____

③ 点火开关——STA——ON（IG）档：_____

_____

6. 分析故障原因

根据燃油泵控制电路图，参照维修手册和相关资料，分析可能导致燃油泵不工作的故障原因并展示，按先后顺序填写鱼骨图（见图 3-1-5）。

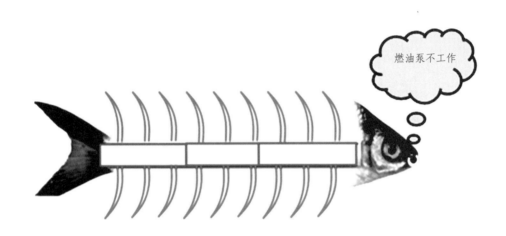

图 3-1-5　燃油泵不工作的故障原因

六、评价反馈

组员进行自我评价、相互评价，完成表 3-1-3 所示的相应内容。

组间评价说明：

（1）电路识图。评价人任意指定燃油系统相关的元器件，被评价人在电路图/维修手册中找出相应元器件所在的页码，并在实车或台架上找出对应的元器件，填写于评价表中。

（2）评价要求。组间评价表由评价人给予对应评价等级：单行全对的得"A"，错两个（含）以下的得"B"，错两个以上的得"C"。

表 3-1-3　学习评价表

项　目	评价内容	评价等级		
		😎	🙂	🙁
自我评价	学到的知识点：			
	学到的技能点：			
	不理解的有：			
	还需要深化学习并提升的有：			
组内评价	○按时到场　　○工装齐备　　○书、本、笔齐全			
	○安全操作　　○责任心强　　○7S 管理规范			
	○学习积极主动　○合理使用教学资源　○主动帮助他人			
	○接受工作分配　○有效沟通　　○高效完成工作任务			
组间评价	元件代码　元件名称　在电路图/维修手册中的页码　在实车中的位置			
	C/OPN Relay			
	2B			
	2A			
	L17			
	燃油压力调节器			
小组评语及建议	他（她）做到了： 他（她）的不足： 给他（她）的建议：	组长签名： 年　　月　　日		
老师评语及建议		评价等级： 教师签名： 年　　月　　日		

七、学习材料

（一）燃油供给系统的组成结构

汽车燃油供给系统的任务是储存、输送、清洁燃油，并根据发动机的不同工况，将适量的燃油与空气混合，以供给气缸一定浓度和数量的可燃混合气。现代轿车燃料供给系统均已采用电子燃油喷射系统，采用化油器燃油系统的汽车不再生产。

电控汽油机的燃油供给系统由油箱、燃油泵、燃油滤清器、燃油分配管、喷油器、燃油压力调节器、脉动缓冲器等组成（见图 3-1-6）。对于不同类型的电控汽油机，燃油供给系统的组成部件可能会有差异，如有的电控汽油机还有冷启动喷油器、油压脉动缓冲器等部件，但总体构成上基本相似。

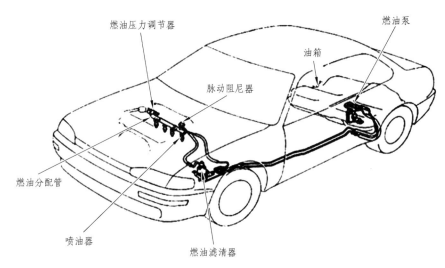

图 3-1-6　燃油供给系统结构图

（二）燃油供给系统的工作原理

1. 带回油管的燃油供给系统

电控汽油泵燃油供给的过程如图 3-1-7 所示，电动汽油泵将汽油从油箱里泵出，先经汽油滤清器过滤，再经油压调节器调节油压，使油路中的油压高于进气管负压（300±20）kPa，最后经燃油分配管分配到各缸喷油器。喷油器根据电控单元 ECU 的指令将汽油适时喷在进气门附近。

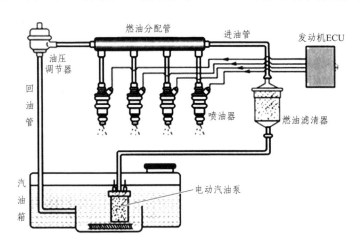

图 3-1-7　燃油供给系统原理图

2. 无回油管的燃油供给系统

无回油管的燃油供给系统如图 3-1-8 所示，在油泵的输油管路上设有油压调节器，当发动机的转速提高的时候，油泵两端的电压也随着增大，燃油被燃油泵从油箱吸出。油泵转速增加，输油压力随着增加，由喷油器在压力下进行喷射。当输出的油压大于油压调节器内的弹簧压力时，阀芯打开，燃油压力泄压直接回到油箱中，因此不需要回油管。燃油管里的燃油压力由压力调节器和脉动缓冲器进行调节，以保持一个较稳定的油压。

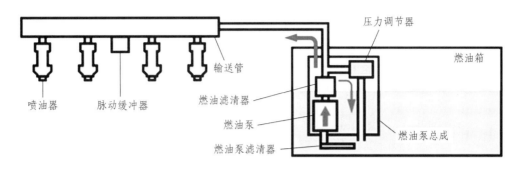

图 3-1-8　无回油管燃油供给系统图

（三）燃油供给系统零部件结构

1. 燃油箱

燃油箱用于储存汽油，通常由防腐金属或聚乙烯制成，一般安装在底盘后部靠近后桥的位置。油箱体上设有加油口和加油管。加油口安装带有压力阀和真空阀的油箱盖，如图 3-1-9 所示。其作用是：在密闭的油箱中，当汽油输出而油面降低时，油箱内将产生一定的真空度，真空度过大时，汽油将不能被汽油泵吸出而影响发动机的正常工作，当压力降低到 98 kPa 以下时，空气阀被大气压打开，使空气进入油箱内，保证正常供油；另一方面，在外界温度高的情况下，汽油蒸气过多，使箱内压力过大，当油箱内压力大于 110 kPa 时，空气阀被顶开，汽油蒸气泄出确保油箱内压力正常。油箱盖内有垫圈，用以封闭加油管口。为了防止汽车振动带来的燃油振荡，箱内装有隔板。油箱上部装有输油管及燃油液位传感器。

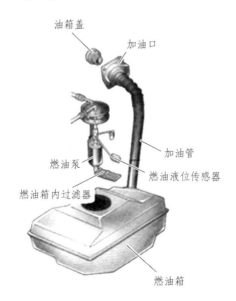

图 3-1-9　燃油箱结构图

2. 燃油滤清器

燃油滤清器用于在燃油进入燃油泵之前，去除燃油中的灰尘和杂质。燃油滤清器分为内装式与外装式两种。其结构外壳有塑料和金属两种（见图3-1-10）。其滤芯有尼龙布、聚合粉末料和纸质滤芯、金属片隙缝式以及多孔陶瓷式滤芯若干种。多孔陶瓷式滤芯能够清洗，可重复使用，多用于高级轿车；金属滤芯由于滤清质量差，现已淘汰；纸质滤芯滤清效果好，抗水性强，成本低。目前，汽车的汽油滤清器多采用纸质滤芯，汽油滤清器都是整体更换。更换燃油滤清器时应注意滤清器的安装方向，严格按照滤清器标示进行安装。

图 3-1-10　燃油滤清器

3. 燃油压力调节器

外置式燃油压力调节器一般安装于进气管附近，燃油分配管上。其结构如图3-1-11所示，它由金属壳体、弹簧、膜片、回油阀座、垫圈、滤网、密封圈等组成。膜片将金属壳体的内腔分成两个腔室：一个是弹簧室，内装一个具有一定预紧力的螺旋弹簧，弹簧预紧力作用在膜片上，弹簧通过软管引入进气歧管的负压；另一个是燃油室，通过两个管接头与燃油分配管及回油管相连。

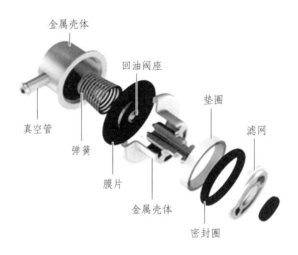

图 3-1-11　压力调节器结构图

其工作原理如图3-1-12所示。发动机运转时，进气歧管的负压和弹簧预紧力共同作用在膜片上，燃油泵供给的燃油同时输送到喷油器和压力调节器的燃油室。若油压低于预定值，球阀将回油孔关闭，燃油不再进一步流动。当油压超过预定值时，燃油压力推动膜片使阀向上移动，回油孔打开，燃油经回油管流回油箱，同时弹簧室的弹簧被进一步压缩。一部分燃油经回油孔流回油箱，燃油分配管内的油压下降，膜片在弹簧力的作用下向下移动到原来位置，球阀将回油孔关闭，使燃油分配管内的油压不再下降。

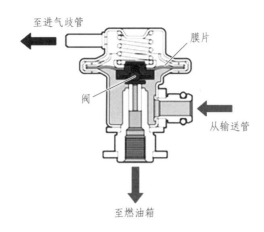

图 3-1-12　压力调节器工作原理图

　　作用在膜片上方的进气歧管负压是用来调节燃油分配管内的压力的。若弹簧的预紧力为 0.25 MPa，则进气歧管负压为零时，燃油分配管内的压力保持在 0.25 MPa。发动机在怠速工况时，进气歧管压力约为 −0.054 MPa，此时回油孔开启的燃油压力为 0.196 MPa。节气门全开时，进气歧管的压力约为 −0.005 MPa，这时回油孔开启的燃油压力变为 0.245 MPa，即节气门全开时的油压调整值自动调整为 0.245 MPa。燃油分配管内油压调整值随进气歧管压力而变化。电动燃油泵停止工作时，膜片在弹簧力的作用下，将回油孔关闭，使电动燃油泵与燃油压力调节器之间的油路内保持一定的残余压力。

　　4. 脉动缓冲器

　　脉动缓冲器主要用于吸收由于燃油喷射和燃油泵压缩而产生的微量的燃油压力脉动。其结构如图 3-1-13 所示，脉动缓冲器采用一个膜片，在燃油分配管进油口处（或其他地方）设有脉动缓冲器，利用膜片和弹簧的变形使容积随压力的大小而变化，缓和与衰减分配管内油压的脉动，使油压稳定，保证了燃油的准确计量。

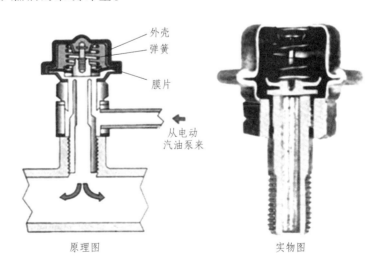

原理图　　　　　　　　　　实物图

图 3-1-13　脉动缓冲器结构示意图

（四）燃油泵控制电路工作原理

电控燃油泵需要拥有以下控制功能：发动机工作时，电动燃油泵工作；发动机不工作时，电动燃油泵不工作（有些发动机不转，点火开关置于点火档，电动燃油泵工作 2 s，提高了管路油压，便于启动），以减小电动燃油泵的磨损和不必要的电能消耗。燃油泵控制电路图如图3-1-14 所示。

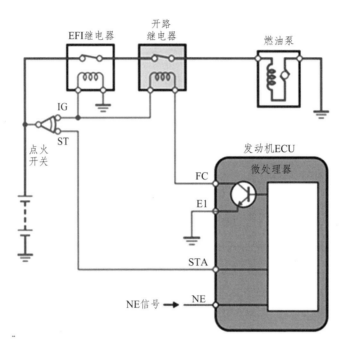

图 3-1-14　燃油泵控制电路图

其工作流程如下：

（1）点火开关至"ON"位置：当点火开关位于"IG"位置时，EFI 继电器接通。

（2）点火开关至"STA"位置：发动机启动时，从点火开关的 ST 端子会传递一个 STA 信号到发动机 ECU。当 STA 信号被输入到发动机 ECU 时，发动机 ECU 内部的晶体管接通，结果开路继电器被打开。随后，电流流进燃油泵，使燃油泵开始运作。

（3）发动机启动/运转：发动机运转的同时，发动机 ECU 收到曲轴位置传感器传来的 NE 信号，晶体管继续保持开启，使燃油泵继续运作。

（4）发动机停止：若发动机停止，即使点火开关仍处于开启状态，NE 信号不再被输入发动机 ECU，故发动机 ECU 会关闭晶体管，其结果是开路继电器被关闭，使燃油泵停止工作。

（5）燃油泵关闭系统。

有些汽车有这样的机械装置，在遇到下述情况时，燃油泵控制系统能使燃油泵停止运转，以保证安全。当驾驶员空气囊、前排乘客空气囊或座椅侧空气囊充气胀开时，燃油切段控制装置使燃油泵停止运转。当发动机 ECU 从空气囊中央传感器总成探测到充气信号时，发动机 ECU 便会断开开路继电器，使燃油泵停止运作。当燃油断开控制开始运转时，也可通过关闭点火开关而取消，使燃油泵重新开始运转。

学习活动二　发动机燃油泵不工作故障诊断与排除

一、学习目标

（1）能够在老师的指引下，查阅资料，完成燃油系统故障检修的信息检索。

（2）能够根据操作要点，规范填写维修工作单，合理分配人员，并具体实施。

（3）能够根据电路图，查阅维修资料，排除燃油系统控制故障。

（4）能够完成电器元件，如继电器、保险丝、连接器的检测并判断性能。

（5）能够描述控制部件的结构和工作原理。

（6）能够排除燃油故障，记录工作过程并形成完整的排除故障思路。

（7）能够在团队作用下，独立或集体完成学习任务。

（8）能够按职业能力评价要求进行展示评价。

（9）能够执行活动过程的 7S 管理要求。

二、学习准备

设备：卡罗拉发动机实训台架或整车、举升机、充电机、汽车故障诊断仪、燃油压力检测仪等。

常用工量具：工具车 1 套，配备常用梅花扳手、套筒扳手、螺丝刀、试灯、万用表、塞尺等。

油料、材料：汽油滤清器、保险丝、汽油、碎布等。

资料：网络资源、维修手册、维修工作单、安全操作规程。

分组：每组 5～6 人，小组讨论后，由组长按岗位分配人员。

三、学习内容

发动机燃油泵不工作故障诊断与排除学习任务如图 3-2-1 所示。

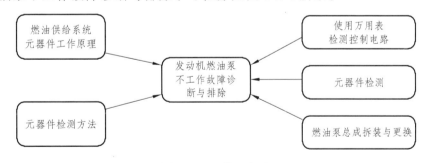

图 3-2-1　学习任务

四、引导问题

（1）内装式电动汽油泵由＿＿＿＿＿＿＿、＿＿＿＿＿＿＿、＿＿＿＿＿＿＿、＿＿＿＿＿＿＿、＿＿＿＿＿＿＿等部件组成。

（2）油泵内置时，浸泡在燃油里，其目的是＿＿＿＿＿＿＿和＿＿＿＿＿＿＿，延长其使用寿命。当燃油液位警告灯点亮后，一般车辆还可以继续行驶＿＿＿＿＿＿＿km。

（3）燃油泵内单向阀的作用是_____。

（4）燃油泵运转的控制方式根据控制电路的不同，可分为_____、

_____、_____三种。

（5）燃油滤清器的主要作用是_____，

外置式燃油滤清器一般在车辆行驶_____，应更换滤清器。内置式燃油滤清器

一般在车辆行驶_____，应更换滤清器。

（6）检修燃油泵控制电路时，使用万用表检测燃油泵阻值，其正常范围在_____。

五、学习过程

1. 电控线路检测

（1）结合维修手册，利用万用表或试灯检查燃油供给系统相关电源线路，完成相关内容。

电源电路检测信息检索基本路径：_____。

查找电路图册，确定线路图中接线盒保险丝的安装位置，将图 3-2-2 中保险丝盒的保险丝名

称、电流值填写完整，并找出对应保险丝检查其性能，完成表 3-2-1。

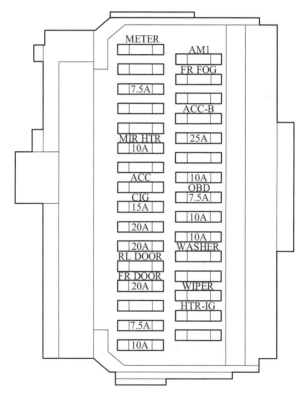

图 3-2-2　仪表板保险丝盒

表 3-2-1　保险丝盒内部检测

C/OPN Relay 保险丝	名称	电流	颜色	检测结果
C/OPN Relay 检测	检测项目	条件	标准值	检测值
	2A-8——2B-11	始终		
	2A-8——2B-11	在端子 2B-10 和 2F-4 通电时线圈工作		

（2）结合维修手册，利用万用表或试灯检查相关控制线路，完成表 3-2-2 中的相关检测内容并记录。

表 3-2-2　控制线路检测表

检查项目	检测点（符号、端子号）	点火开关档位（ON/OFF）	工具	档位	检测值	标准值	检测结果（正常/不正常）
仪表板接线盒至 ECM	2B——FC（　　　　　）						
燃油泵连接器	L17——2A（　　　　　）						
	L17——接地（　　　　　）						

根据以上检测判断，其控制线路：_____（正常/具体故障部位）。

2. 元器件检查

（1）燃油泵检测。

查阅卡罗拉维修手册 1ZR-FE/2ZR-FE 发动机控制系统——FU 及 COROLLA 电路图，检索燃油泵元件位置的相关信息。

信息检索路径：_____

_____，可找到该元器件相关检测信息。

（2）燃油泵总成拆装。

写出拆卸燃油泵前的安全注意事项及燃油系统卸压流程。

安全注意事项：	卸压流程：

燃油泵拆卸步骤如图 3-2-3 所示。

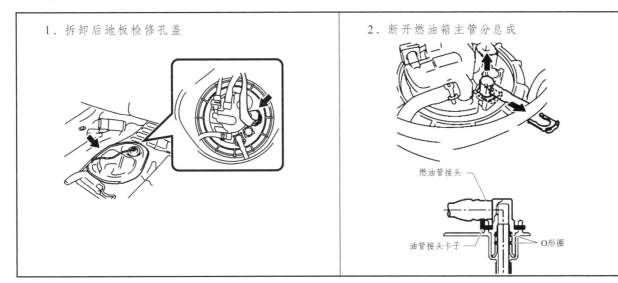

1. 拆卸后地板检修孔盖

2. 断开燃油箱主管分总成

燃油管接头
油管接头卡子
O形圈

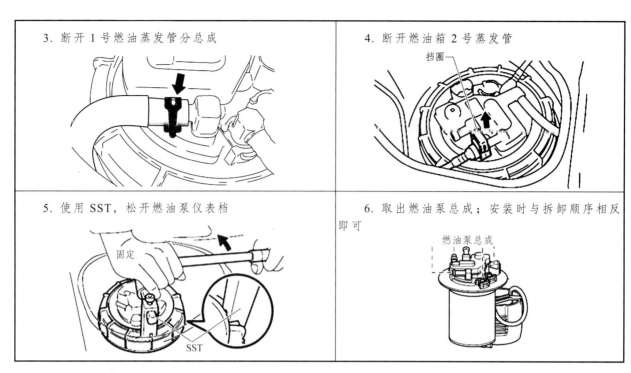

图 3-2-3 燃油泵总成拆装流程图

（3）燃油泵总成认知。

将图 3-2-4 中的空白方框填写完整，并写出其作用。

元件 1：_____

元件 2：_____

元件 3：_____

元件 4：_____

元件 5：_____

作用：_____

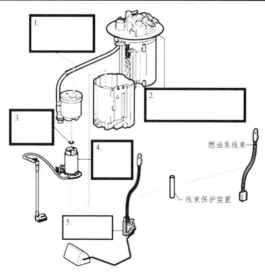

图 3-2-4 燃油泵总成分解图

（4）燃油泵检测，填写表 3-2-3。

表 3-2-3　燃油泵检测

燃油泵端子	标准范围	检测值	性能判断

六、评价反馈

组员进行自我评价、相互评价，完成表 3-2-4 所示的相应内容。

组间评价说明：

（1）电路识图。评价人任意指定燃油系统电路相关的元器件，被评价人在电路图册中找出相应元器件所在的页码，并在实车或台架上找出对应的元器件；检测相关控制线路填写于评价表中。

（2）评价要求。组间评价表由评价人给予对应评价等级：单行全对的得"A"，错两个（含）以下的得"B"，错两个以上的得"C"。

表 3-2-4　学习评价表

项　目	评价内容			评价等级 😎	🙂	☹️
自我评价	学到的知识点：					
	学到的技能点：					
	不理解的有：					
	还需要深化学习并提升的有：					
组内评价	○按时到场　　○工装齐备　　○书、本、笔齐全					
	○安全操作　　○责任心强　　○7S 管理规范					
	○学习积极主动　○合理使用教学资源　○主动帮助他人					
	○接受工作分配　○有效沟通　○高效完成工作任务					
组间评价	元件代码	元件名称	在电路图册中的页码	在实车中的位置		
	IGN					
	C/OPN Relay					
	L17					
	线路检测	万用表档位	测量点	检测结果		
	油泵至 ECM					
	仪表板接线盒至 ECM					
小组评语及建议	他（她）做到了： 他（她）的不足： 给他（她）的建议：			组长签名： 　年　月　日		
老师评语及建议				评价等级： 教师签名： 　年　月　日		

七、学习材料

（一）燃油吸油管总成结构

燃油吸油管总成的工作过程：当油泵运转时，油箱内的燃油流经燃油泵滤清器，吸入到燃烧油泵中，再将其输送到燃油滤清器进行过滤，燃油从出油口输送到油管中，如图 3-2-5 所示。

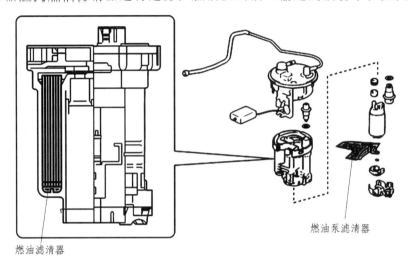

图 3-2-5　燃油吸油管总成结构

1. 内置式燃油滤清器

燃油滤清器能去除燃油泵中的灰尘和杂质。

2. 燃油泵滤清器

燃油泵滤清器在燃油进入燃油泵之前去除燃油中的灰尘和杂质。

3. 内置式燃油压力调节器

其燃油调节方法：将燃油压力控制在一个恒定的压力值。当燃油泵工作时产生的燃油压力超过压力调节器弹簧的压力时，调节器内的阀门开启，使燃油从调节器内部回流到燃油箱并调节压力，如图 3-2-6 所示。

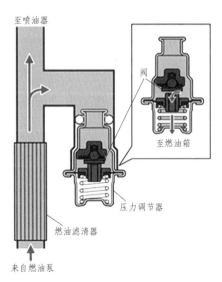

图 3-2-6　内置式燃油压力调节器

4. 电动燃油泵

电动燃油泵多安装在汽油箱内的液面以下或油箱的底部，淹没在汽油中，隔绝空气，无着火的危险。其目的是便于抽油、排气，防止气阻的产生。由于燃油是喷入负压的进气管中或混合室中，喷油压力要求低。多点喷射系统的喷油压力为 200~350 kPa，单点喷射系统的喷油压力为100 kPa。电动燃油泵多采用涡轮式、滚柱式等。

电控汽车燃油供给系统中使用的电动燃油泵有内装式电动燃油泵和外装式电动燃油泵两种方式，目前内装式电动燃油泵应用最广泛。

（1）外置式电动燃油泵主要采用滚柱泵和齿轮泵。外置式电动燃油泵可安装在进油管路中的任何位置上，故安装的自由度较大。

（2）内装式电动燃油泵的结构如图 3-2-7 所示。

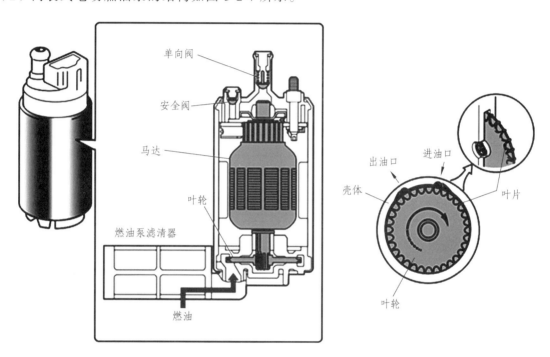

图 3-2-7　内装式电动燃油泵

电控燃油喷射发动机中使用的内装式电动燃油泵,其油泵大多采用叶片式的涡轮泵或侧槽泵。其工作电压一般为 12 V，阻值为 0.5~3 Ω。燃油泵安装于油箱中，与燃油滤清器、压力调节器和燃油表等结合为一整体。内装式电动燃油泵由电机、涡轮泵、单向阀、限压阀及滤网等组成。马达带动油泵叶轮压缩燃油。燃油泵停止时，单向阀关闭，以维持燃油管路内的残余压力，这样更有助于发动机重新启动。若没有残余压力，在高温时很容易出现气阻，使发动机重新启动变得很困难。当出油口侧压力过高时，安全阀开启，防止燃油压力过高。

（二）燃油泵速度控制

1. 继电器控制

利用继电器进行速度控制，这种控制方法适用于两级转速燃油泵控制系统。ECU 根据发动机负荷和转速信号控制燃油泵低速或高速运转，以输出不同的燃油量，适应发动机负荷需要。其电路控制系统如图 3-2-8 所示。

为控制油泵转速可变，该电路由发动机 ECU、EFI 主继电器、开路继电器、电阻、燃油泵控制继电器、燃油泵等组成。当发动机工况处在启动、大负荷高速运转时，ECU 内的三极管是截止的，燃油泵控制继电器触点 A 闭合，电流经点火开关、燃油泵控制继电器，经触点 A 直接加到燃油泵上，使燃油泵高速运转。当发动机处在小负荷工况运转时，ECU 内的三极管导通，燃油泵控制继电器中的触点 B 闭合，电流要流经电阻器产生电压降后再流到燃油泵电路中，这时燃油泵低速运转，输出较少的燃油。

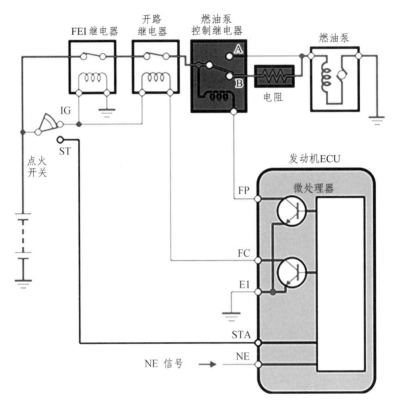

图 3-2-8　继电器控制油泵速度电路

2. 燃油泵 ECU 控制

某型号的燃油泵电路，燃油泵的速度是通过燃油泵 ECU 控制的，而不是由开路继电器、燃油泵控制继电器和电阻控制的，如图 3-2-9 所示。发动机 ECU 和燃油泵 ECU 通过控制接通/关闭来控制速度。此外，这种控制系统中，还有一个燃油泵系统诊断功能。当探测到故障时，燃油泵 ECU 会向发动机 ECU 的 D1 终端传递一个信号，以提示燃油泵电路出现故障。

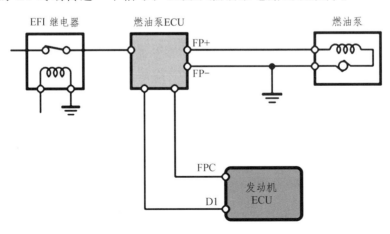

图 3-2-9　燃油泵 ECU 和发动机 ECU 控制油泵速度电路

学习活动三 发动机喷油器不喷油故障诊断与排除

一、学习目标

（1）能够在老师的指引下，查阅资料，完成喷油器拆检的信息检索。

（2）能够根据操作要点，规范填写维修工作单，合理分配人员，并具体实施。

（3）能够建立初步诊断思路，分析燃油喷射系统可能存在的故障现象和原因，并列举简要的检测步骤。

（4）能够拆绘实车或台架喷油器控制电路图。

（5）能够规范拆装、利用喷油器清洗检测仪检测喷油器并判断其性能。

（6）能够描述喷油器的类型、工作原理和检测方法。

（7）能够排除喷油器不喷油故障，记录工作过程并形成完整的排除故障思路。

（8）能够在团队作用下，独立或集体完成学习任务。

（9）能够执行活动过程的7S管理要求。

（10）能够按职业能力评价要求进行展示评价。

二、学习准备

设备：卡罗拉发动机实训台架或整车、举升机、充电机、汽车故障诊断仪、喷油器清洗检测仪等。

常用工量具：工具车1套，配备常用梅花扳手、套筒扳手、螺丝刀、试灯、万用表、塞尺等。

油料、材料：汽油滤清器、保险丝、汽油、碎布等。

资料：网络资源、维修手册、维修工作单、安全操作规程。

分组：每组5~6人，小组讨论后，由组长按岗位分配人员。

三、学习内容

发动机喷油器不喷油故障诊断与排除学习任务如图3-3-1所示。

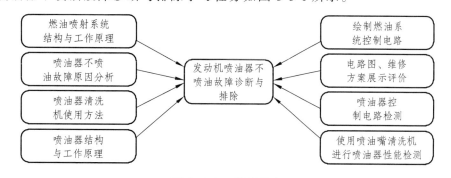

图 3-3-1 学习任务

四、引导问题

（1）电控发动机根据喷射的方式可分为＿＿＿＿＿＿、＿＿＿＿＿、＿＿＿＿＿＿、＿＿＿＿＿＿四种；按其喷射位置可分为＿＿＿＿＿＿、＿＿＿＿＿＿两种。

（2）发动机电控喷射系统按喷油器结构特点可分为＿＿＿＿＿＿＿、＿＿＿＿＿＿＿；按孔式喷油器的结构功能可分为＿＿＿＿＿＿＿、＿＿＿＿＿＿＿；按阻值可分为＿＿＿＿＿＿＿，它的阻值一般为＿＿＿＿＿＿＿；和＿＿＿＿＿＿＿，它的阻值一般为＿＿＿＿＿＿＿。

（3）电控燃油喷射系统按照发动机进气量检测方式可分为＿＿＿＿＿、＿＿＿＿＿两种；其中＿＿＿＿＿型采用＿＿＿＿＿信号确定基本喷油量，＿＿＿＿＿型采用＿＿＿＿＿信号确定基本喷油量。

（4）喷油器的驱动方式可分为＿＿＿＿＿＿＿＿＿和＿＿＿＿＿＿＿＿＿两种。

（5）喷油器主要由＿＿＿＿＿＿＿、＿＿＿＿＿＿＿、＿＿＿＿＿＿＿、＿＿＿＿＿＿＿、＿＿＿＿＿＿＿、＿＿＿＿＿＿＿等组成。

（6）喷油器其结构内部回位弹簧的主要功能是：＿＿＿。

（7）发动机燃油的喷射量是由喷油器的＿＿＿＿＿＿＿＿＿＿＿＿＿＿（针阀开启的行程、回位弹簧的弹力、喷孔的大小、喷油的脉宽）来决定的。

五、学习过程

1. 填写维修工作单

（1）根据学习活动拆分活动环节或步骤制订相关维修作业计划。

（2）小组讨论分工填写维修工作单——附件1。

2. 使用汽车故障诊断仪进行初步诊断

| 查阅维修手册及相关资源，参考规范操作图（见图 3-3-2），列举喷射系统检修和汽车故障诊断仪使用的注意事项：

＿＿＿＿＿＿＿＿＿＿＿＿＿＿＿

＿＿＿＿＿＿＿＿＿＿＿＿＿＿＿

＿＿＿＿＿＿＿＿＿＿＿＿＿＿＿

＿＿＿＿＿＿＿＿＿＿＿＿＿＿＿

＿＿＿＿＿＿＿＿＿＿＿＿＿＿＿ | 图 3-3-2　规范操作图 |

（1）使用汽车故障诊断仪读取故障代码（见图 3-3-3）或查找汽车铭牌完成表 3-3-1 所示的内容。

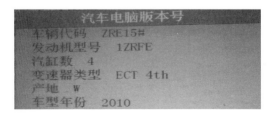

图 3-3-3　故障代码

表 3-3-1　发动机 CEM 信息表

发动机型号		排 量		排列形式/单缸气门数	
VIN		变速器类型		里程数	
◆ 故障代码及含义					

（2）完成喷油器基本检查，并填写表 3-3-2。

表 3-3-2　喷油器基本检查

检测项目	条件(怠速/停机)	第一缸	第二缸	第三缸	第四缸
阻　值					
二极管试灯状态					
检测结果（点亮/不亮）					

◆ 初步检查故障原因：_____

3. 拆绘喷油器控制电路图

（1）拆绘电路图。在维修手册电路图"发动机控制"中拆绘实车或台架喷油器控制电路图，要求 ECU 电源控制电路完整，标注元器件名称、代码、内部结构以及导线颜色、坐标对应的关系等（请绘制在下页方框内）。

（2）展示评价。结合职业能力评价表进行展示评价——附件 3。

4. 电控线路检测

结合维修手册，利用万用表或试灯检查喷油器线路，完成表 3-3-3。

喷油器电路检测信息检索基本路径：_____。

根据表 3-3-3 中的检测判断，其控制线路：_____（正常/具体故障部位）。

表 3-3-3　控制线路检测

检查项目	检测点（符号、端子号）	点火开关档位（ON/OFF）	工具	档位	检测值	标准值	检测结果（正常/不正常）
喷油器电源	B9、10、11、12——接地（　　　　　）						
喷油器至ECM	B9——ECM（　　　　　）						
	B10——ECM（　　　　　）						
	B11——ECM（　　　　　）						
	B12——ECM（　　　　　）						

5. 元器件检查

（1）喷油器拆卸。

查阅卡罗拉维修手册 1ZR-FE/2ZR-FE 发动机控制系统——FU 及 COROLLA 电路图，检索喷油器的相关维修信息。

喷油器拆卸步骤如图 3-3-4 所示。

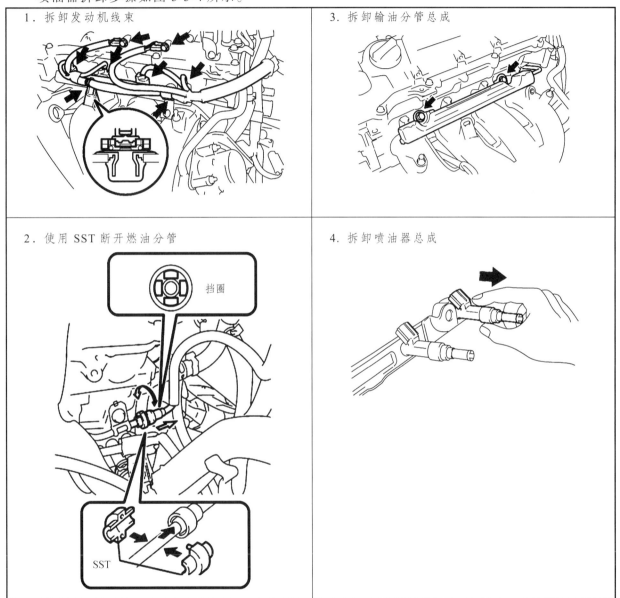

图 3-3-4　喷油器拆卸步骤

（2）喷油器性能检测。

查找仪器说明书或相关网络资源，列举喷油器超声波清洗检测仪使用的注意事项。

① 超声波清洗喷油器如图 3-3-5 所示。

加入清洗剂，使其液位浸过喷油器针阀 20 cm；将电源线及喷油器线连接好，准备好橡胶备件，将清洗时间设定为 10 min，按键开始清洗。

图 3-3-5 超声波清洗喷油器

② 密封性检测。

在控制面板界面（见图 3-3-6）的项目选择处，按下"密封性测试"键，再按"运行"键，检查喷油器的密封性（见图 3-3-7），完成表 3-3-4。

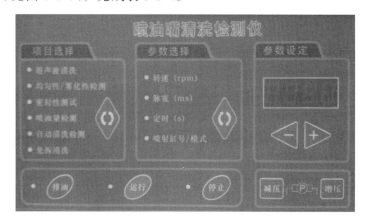

图 3-3-6 喷油器清洗检测仪控制界面

图 3-3-7 喷油器密封性试验

088

表 3-3-4 密封性测试结果

喷油器	1	2	3	4
滴漏时间				
滴漏测试结果	（正常/不正常）			

③ 均匀性/雾化性/喷油量检测（见图 3-3-8），完成表 3-3-5。

选择合适的直排油接头，在喷油器 O 形圈上涂抹少许润滑油；根据喷油器高度，选择合适的调节杆，均匀固定好滚花螺杆；将燃油压力调整在规定值，确保测试压力正常；连接喷油器测试控制线，在项目选择中选定"均匀/雾化"项目，按"运行"键开始测试。

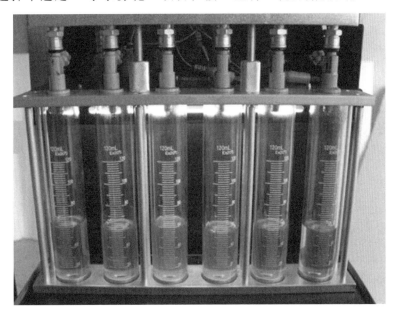

图 3-3-8 均匀性/雾化性/喷油量检测

表 3-3-5 喷油器性能检测

喷油器	1 喷油量	2 喷油量	3 喷油量	4 喷油量
测试油压				
标准范围				
均匀性/雾化性结果	（正常/不正常）			
喷油量结果				

（3）喷油器安装。

从测试仪取下喷油器，按"超声波清洗"泄压，取下喷油器，更换喷油器 O 形圈；按照维修手册要求装复喷油器，确认发动机工作正常。

6．故障排除步骤

结合以上故障诊断分析方法，结合维修手册，写出故障排除步骤，利用故障树或其他流程图的形式进行展示。

六、评价反馈

组员进行自我评价、相互评价，完成表 3-3-6 所示的相应内容。

组间评价说明：

（1）电路识图。评价人任意指定燃油喷射相关的元器件，被评价人在电路图册中找出相应元器件所在的页码，并在实车或台架上找出对应的元器件，填写在评价表中。

（2）评价要求。组间评价表由评价人给予对应评价等级：单行全对的得"A"，错两个（含）以下的得"B"，错两个以上的得"C"。

表 3-3-6　学习评价表

项　目	评价内容	评价等级		
		😎	🙂	🙁
自我评价	学到的知识点：			
	学到的技能点：			
	不理解的有：			
	还需要深化学习并提升的有：			
组内评价	○ 按时到场　　　○ 工装齐备　　　　○ 书、本、笔齐全			
	○ 安全操作　　　○ 责任心强　　　　○ 7S 管理规范			
	○ 学习积极主动　○ 合理使用教学资源　○ 主动帮助他人			
	○ 接受工作分配　○ 有效沟通　　　　○ 高效完成工作任务			
组间评价	元件代码　　　　元件名称　　在电路图册中的页码　在实车中的位置			
	B9、B10、B11			
	线路检测　　　B9　　　　B10　　　　B11　　　　B12			
	电　　源			
	控　制　线			
	检测结果			
	序号　喷油器清洗　密封性测试　均匀性/雾化性　喷油量			
	1 缸			
	2 缸			
	3 缸			
	4 缸			
小组评语及建议	他（她）做到了：　　　　　　他（她）的不足：　　　　　　给他（她）的建议：	组长签名：　　　　　　　年　月　日		
老师评语及建议		评价等级：　　教师签名：　　　　　年　月　日		

七、学习材料

（一）发动机电控燃油喷射系统

1. 按进气量探测法分类

按进气量探测法分类，电控燃油喷射系统有 L 型和 D 型两种电了燃油喷射系统。

（1）L-EFI（空气流量控制型，见图 3-3-9）系统采用空气流量计直接测量进气歧管中流入的空气量。有两种探测方法：一种是直接测量进气涡流，另一种是根据基本空气量进行校正。

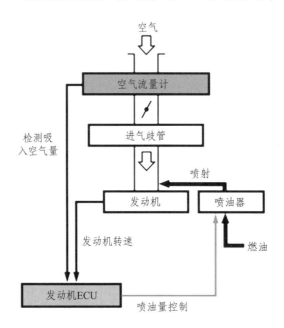

图 3-3-9　L 型电控燃油喷射系统

（2）D-EFI（歧管压力控制型，见图 3-3-10）系统利用进气歧管压力传感器测量进气歧管的压力，利用进气空气密度探测出发动机的进气量，确定发动机的喷油量。

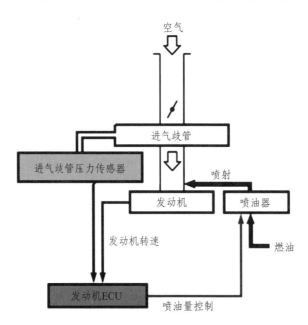

图 3-3-10　D 型电控燃油喷射系统

2. 按喷油器的喷射位置分类

根据喷油器喷射位置不同，电控燃油喷射系统又分为缸内直喷式和进气道喷射式两种（见图3-3-11）。

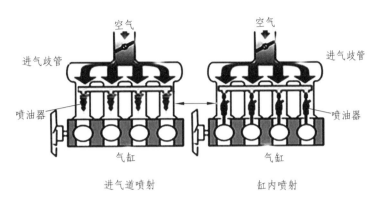

图 3-3-11　喷油器喷射位置图

3. 按喷油器的喷射方式分类

电控发动机的喷射方式可分为单点喷射、同时喷射、分组喷射、顺序喷射（见图3-3-12）。根据喷射方式、喷油器的结构功能，喷射器可以分为单点喷射喷油器、多点喷射喷油器。单点喷射系统早已被淘汰，目前多点喷射系统使用最为广泛。

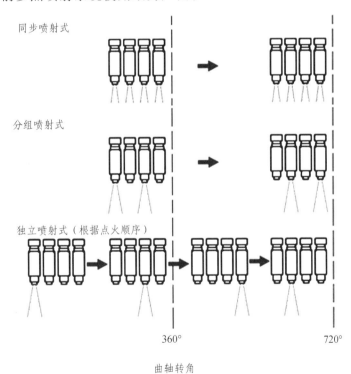

图 3-3-12　喷油器的喷射方式

（1）同步喷射控制。

特点：所有各缸喷油器由 ECU 控制同时喷油和停油。

喷油正时控制是以发动机最先进入做功行程的气缸为基准。

（2）分组喷射控制。

特点：把所有喷油器分成 2~4 组，由 ECU 分组控制喷油器。

以各组最先进入做功的气缸为基准，在该缸排气行程上止点前某一位置，ECU 输出指令信号，接通该组喷油器电磁线圈电路，该组喷油器开始喷油。

（3）顺序喷射控制。

特点：喷油器驱动回路数与气缸数目相等。

各缸喷油器分别由各自的线路与 ECU 相连，ECU 根据凸轮轴位置传感器（G 信号）、曲轴位置传感器（Ne 信号）和发动机的做功顺序，确定各缸的工作位置。当确定各缸活塞运行至排气行程上止点某一位置时，ECU 控制晶体管导通，输出喷油控制信号，接通喷油器电磁线圈电路，该缸开始喷油，其控制电路如图 3-3-13 所示。

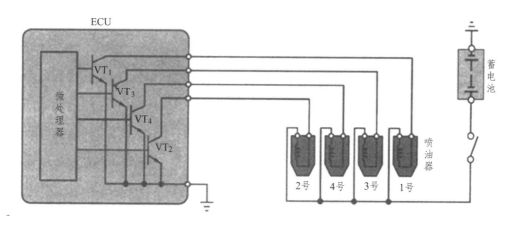

图 3-3-13　顺序喷射控制

（二）喷油器结构

喷油器外形图如图 3-3-14 所示，喷油器根据发动机 ECU 传来的信号，将燃油喷射进气缸的进气口。

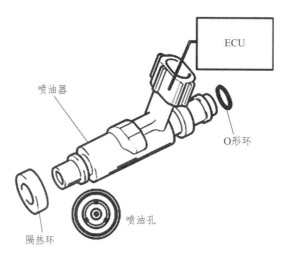

图 3-3-14　喷油器外形结构图

1. 喷油器内部结构（见图 3-3-15）

其工作原理：不喷油时，回位弹簧通过衔铁使针阀紧压在阀座上，防止滴油。当电磁线圈通电时，产生电磁吸力，将衔铁吸起并带动针阀离开阀座，同时回位弹簧被压缩，燃油经过针阀并由轴针与喷口的环隙或喷孔中喷出。当电磁线圈断电时，电磁吸力消失，回位弹簧迅速使针阀关闭，喷油器停止喷油。在喷油器的结构和喷油压力一定时，喷油器的喷油量取决于针阀的开启时间，即电磁线圈的通电时间。回位弹簧弹力对针阀密封性和喷油器的干扰程度会产生影响。

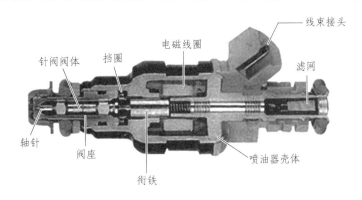

图 3-3-15　喷油器内部结构图

2. 喷油器的分类

多点喷射系统中使用的电磁式喷油器形式较多，按其结构特点可分为轴针式喷油器和孔式喷油器；按喷油器电磁线圈的阻值，可分为低阻喷油器与高阻喷油器。

（1）低阻喷油器。

低阻喷油器电磁线圈的匝数较少，电阻值为 0.6～3 Ω。由于减少了电磁线圈的匝数，线圈的电感小，动态响应特性好。

当采用电压驱动方式时，需在驱动回路中串入附加电阻，增加回路的阻抗（见图 3-3-16）。因为是低阻喷油器，电磁线圈的电阻很小，在相同的电压下，流过线圈的电流较大，可能导致电磁线圈发热损坏。在电路中串入附加电阻，可以起到减小电磁线圈电流、防止电磁线圈过热损坏的作用。

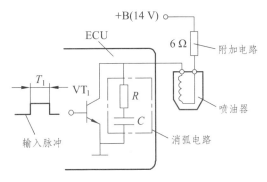

图 3-3-16　低阻喷油器电压驱动方式

当采用电流驱动方式时，喷油器直接与电源连接，ECU 通过检测回路电磁线圈的通过电流进行控制（见图 3-3-17）。

这种驱动方式的回路阻抗很小，功率三极管 VT_1 刚开始导通时，喷油器电磁线圈的通过电流在极短的时间内迅速增大，针阀能以最快的速度升起，使喷油器具有良好的动态响应特性，缩短无效喷射时间（迟滞喷射时间）。当针阀升至全开位置时，电磁线圈中的通过电流达到最大的峰值电流 I_p（一般为 4～8 A）。在电磁线圈通过电流迅速增大的同时，电流检测电阻的电压也在迅速增大。如图 3-3-17 中 A 点的电压达到设定值时（此时针阀恰好全开），ECU 控制大功率三极管 VT_1 在喷油期间以 20 MHz 的频率交替导通截止，使电磁线圈的通过电流下降至保持电流 I_n，保持电流的平均值一般为 1 ~ 2 A。该电流足以使针阀保持在全开位置，从而可防止线圈发热，减小电能无效损耗。

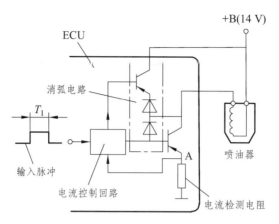

图 3-3-17　低阻喷油器电流驱动方式

（2）高阻喷油器。

高阻喷油器电磁线圈的电阻值（或内装附加电阻）为 12 ~ 17 Ω。高阻喷油器只能采用电压驱动方式，故驱动电路较简单，成本较低，但高阻喷油器无效喷射时间较长，响应特性较差。高阻喷油器的驱动电路与图 3-3-17 相似，只是在电路中不需要串联附加电阻。在电压驱动电路中，当大功率三极管 VT_1 截止时，线圈两端可能产生很高的感应电动势，此电动势与电源电压一直作用在功率管上，有可能将功率管击穿，故在电路中设有 RC 消弧电路。

学习任务四　发动机进气控制系统故障诊断与排除学习任务设计方案

专业名称	汽车技术服务与营销	一体化课程名称	汽车发动机电控系统故障诊断与排除
学习任务	发动机进气控制系统故障诊断与排除	建议学时	48
工作情境描述	王先生在开车过程中，发现仪表中的发动机故障指示灯点亮，车辆加速不良，现车辆进厂维修，技术人员初步诊断为进气系统控制故障。作为未来的维修人员，我们将会按照维修工作单和车间作业流程，在老师的指引下，按照维修手册的要求，对本故障进行规范拆检，制订维修方案，确定故障部位，排除故障，恢复车辆性能并最终检验合格后交付前台		
学习任务描述	在老师的指导下确认故障指示灯点亮的故障现象，接受故障排除任务后学习进气控制系统的结构组成及工作原理并完成相关工作页的填写，对进气控制系统相关部件进行检测，确定故障部位，制订维修方案，排除故障并竣工检验合格，交付车辆后进行总结、评价		
与其他学习任务的关系	在汽车维护保养学习任务中，在了解了汽车发动机基本结构的基础上完成本学习任务，通过本学习任务的学习，为汽车发动机故障诊断的其他学习任务打下基础		
学生基础	学生已经完成了汽车维护、保养的操作知识，对汽车发动机各系统的结构认识有了一定的了解		
学习目标	1. 知识 （1）能通过维修手册及网络资源检索燃油系统故障相关信息。 （2）能描述进气控制系统的作用、结构组成和工作原理。 （3）能描述电路图的识读方法以及电路拆绘的要点。 （4）能描述进气控制系统常见故障原因和排除方法。 2. 技能 （1）能正确测试进气控制系统的性能，确认故障现象并初步分析故障原因。 （2）能识读并按要求拆绘进气控制系统电路图，分析故障原因，制订维修方案并进行展示评价。 （3）能在老师的指引下，按照故障检修流程，拆检相关部件，检测线路，确定故障部位并最终排除故障后进行总结评价。 3. 素养 （1）能在团队作用下独立或协作完成故障检修、总结评价等任务。 （2）能遵守工作过程的 7S 检验和职业能力展示评价		
学习内容	（1）学习安全操作规程及 7S 现场管理规定。 （2）维修手册、电路图册的使用。 （3）检测仪器（真空压力表、汽车故障诊断仪）的认识与使用。 （4）进气控制系统的作用、结构组成及工作原理。 （5）汽车进气控制系统电路图的识读及拆绘。 （6）空气流量计故障检测及排除。 （7）电子节气门故障检测及排除。 （8）与他人沟通合作，获取信息，对学习与工作进行总结，展示评价		

教学条件	维修手册、安全操作规程、车间管理制度、7S 管理规范制度、普通拆装工具、万用表、燃油压力检测仪、汽车故障诊断仪、喷油器清洗检测仪、车辆、举升机等		
教学组织形式	教学组织形式：小组学习。 1. 情景再现 教师组织学生以小组的形式观察燃油泵不工作的现象，初步检查，明确学习任务。 2. 初步分析 小组利用工作页和相关知识分析燃油系统故障现象及原因。 3. 制订方案 学生分组拆绘进气系统电路图，分析故障原因，制订维修方案并展示评价。 4. 实施方案 小组进行发动机燃油系统的拆装检测，排除故障，工作过程实行自检、互检和终检三级检验。 5. 评价反馈 小组总结、评价，实行自评、互评、教师点评综合评价		
教学流程与活动	1. 教学流程 复习与提问→再现情境→任务导入→任务分配→任务实施→评价反馈。 2. 学习活动		
	学习活动一	发动机空气流量计故障诊断与排除	24 学时
	学习活动二	发动机电子节气门故障诊断与排除	24 学时
评价内容与标准	1. 专业能力评价标准 （1）规范使用工量具和检测设备。 （2）通过仪器检测判断进气控制系统的性能。 （3）拆绘电路图，分析故障原因，完成鱼骨图。 （4）按照故障诊断流程排除故障并总结排除故障的思路。 （5）描述进气控制系统的作用、结构组成和工作原理。 （6）描述电路图查阅方法和思路。 （7）描述进气控制系统零部件并进行性能检测。 （8）工作过程的自检、互检、终检和 7S 监督，执行安全操作，做好安全防护。 2. 社会能力评价标准 （1）收集资料、方案制作能力（PPT 制作能力、图案绘制能力）。 （2）展示表达能力，沟通交流能力，团队协作能力。 （3）观察分析相互评价、相互肯定与提升的能力。 3. 方法能力评价标准 （1）电路识图方法。 （2）通过维修手册和网络资源有效获得支撑资料的方法。 （3）通过维修资料和场地资源，小组、老师等团队资源解决问题的方法		

学习活动一　发动机空气流量计故障诊断与排除

一、学习目标

（1）能够在老师的指引下，查阅资料，完成缸内直喷发动机电控系统组成的信息检索。

（2）能够根据操作要点，规范填写维修工作单，合理分配人员，并具体实施。

（3）能够对空气流量计损坏进行初步检查，确认故障现象，分析故障原因，并列举简要检测步骤。

（4）能够拆绘实车或台架空气流量计控制电路图。

（5）能够绘制发动机电控系统结构组成图，并描述其结构组成。

（6）能够描述空气流量计的结构类型、工作原理及检测方法。

（7）能够排除空气流量计故障，记录工作过程并形成完整的排除故障思路。

（8）能够在团队作用下，独立或集体完成学习任务。

（9）能够执行活动过程的 7S 管理要求。

（10）能够按职业能力评价要求进行展示评价。

二、学习准备

设备：卡罗拉发动机实训台架或整车、充电机、汽车故障诊断仪、喷油器清洗检测仪等。

常用工量具：工具车 1 套，配备梅花扳手、套筒扳手、螺丝刀、试灯、万用表等。

油料、材料：空气流量计、保险丝、汽油、碎布等。

资料：网络资源、维修手册、维修工作单、安全操作规程。

分组：每组 5～6 人，小组讨论后，由组长按岗位分配人员。

三、学习内容

发动机空气流量计故障诊断与排除学习任务如图 4-1-1 所示。

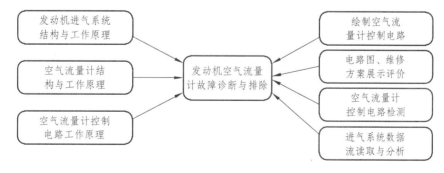

图 4-1-1　学习任务

四、引导问题

（1）发动机空气供给系统主要由 _____、_____、_____

_____等组成。

（2）空气滤清器的主要功用是：_____、

_____。

（3）电子控制燃油喷射系统中_____型使用的是_____作为检测进气量的；该传感器主要有_____、_____、_____、

_____四种形式。此四种传感器又可分为质量型、流量型两类，其中

_____属于质量型；_____属于流量型。

（4）进气温度传感器是_____电阻，其电阻根据进气温度的变化而成正比例变化，温度越_____电阻越_____；温度越_____电阻越_____。

（5）进气温度传感器常温状态下，其正常阻值范围是_____。

（6）不同发动机上与空气流量计同等作用的传感器是_____，主要用于_____型电控燃油喷射系统中；其作用是_____

_____。

（7）热线式空气流量计的基本构造主要由_____、_____、

_____、_____、_____等组成。

（8）热线式空气流量计的 ECU 控制电路中设有_____电路，在发动机熄火后将热线加热到_____，持续_____s，防止污染物玷污热线。

五、学习过程

1. 填写维修工作单

（1）根据学习活动拆分活动环节或步骤，制订相关维修作业计划。

（2）小组讨论分工填写维修工作单——附件 1。

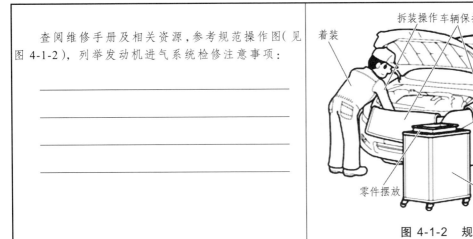

查阅维修手册及相关资源,参考规范操作图(见图 4-1-2),列举发动机进气系统检修注意事项：

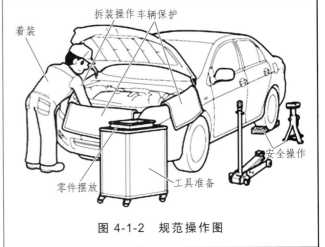

图 4-1-2　规范操作图

2. 确认故障现象

启动发动机，观察仪表相关故障指示灯，根据发动机工作状况，结合组合仪表图（见图 4-1-3）完成表 4-1-1，简单描述故障现象。

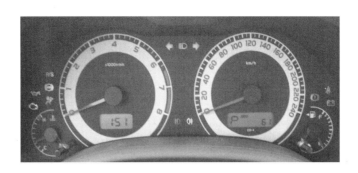

图 4-1-3　组合仪表指示灯

表 4-1-1　故障检查确认

图形	指示灯名称	检查结果	结果填写	初步判定
			闪烁/持续点亮/××s后熄灭/发动机运转后熄灭	
发动机转速表（最大值）			实际转速	
踩下加速踏板发动机运转情况		（加油无力/发动机发喘）		
确定故障现象：_____				

3. 零部件认知

查阅卡罗拉维修手册 1ZR-FE/2ZR-FE 发动机控制系统相关维修章节，检索进气系统元器件位置的相关信息，选择正确的元器件名称，填写完成图 4-1-4 中的方框内容。

信息检索路径：_____

_____，可找到该系统相关检测信息。

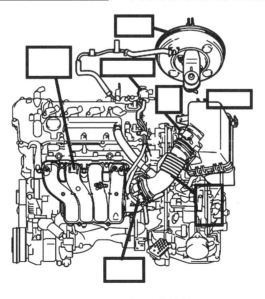

图 4-1-4　进气系统结构图

A. 进气歧管　　　　B. 制动真空助力泵　　C. 节气门体　　D. 制动助力真空管

E. 空气滤清器软管总成　F. 空气流量计　　　　G. 空气滤清器总成

4. 拆绘电路图

查阅卡罗拉维修手册电路图册，检索关于空气流量计的相关电路信息，拆绘电路图。

（1）空气流量计所在电路图的页码是＿＿＿＿＿＿＿＿。

（2）拆绘电路图。在维修手册电路图"发动机控制"中拆绘实车或台架空气流量计相关电路图，要求 ECU 电源控制电路完整，标注元器件名称、代码、内部结构以及导线颜色、端子编号对应的关系等。

（3）展示评价。结合职业能力评价表进行展示评价——附件3。

5. 分析故障原因

根据维修手册和相关资料，分析可能出现空气流量计故障代码的故障原因，按先后顺序填写下面鱼骨图（见图 4-1-5）。

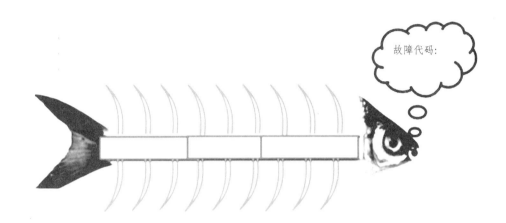

故障代码:

图 4-1-5　空气流量计故障原因

6. 检测空气流量计

查阅卡罗拉维修手册及电路图册"发动机控制"部分。

参考空气流量计电路图（见图 4-1-6），检测空气流量计并判断性能，完成表 4-1-2。

表 4-1-2　卡罗拉空气流量计检测表

检查项目	检测点（符号、端子号）	点火开关档位（ON/OFF）	工具	档位	检测值	标准值	检测结果（正常/不正常）
流量计工作电压	（　　　　）						
流量计信号电压	（　　　　）						
进气温度传感器电阻	（　　　　）						
进气温度传感器电压	（　　　　）						

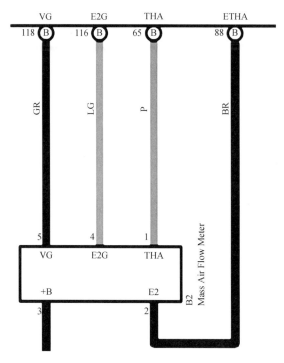

图 4-1-6　卡罗拉空气流量计

◆　确定故障部位并修复：_____

7. 读取数据流

（1）重新读取并清除发动机故障代码。

（2）读取发动机进气系统相关数据流完成表 4-1-3。

表 4-1-3　进气系统相关数据表

序号	汽车故障诊断仪显示	测量项目	范围	测量值
1	Engine Speed			
2	Calculate Load			
3	Coolant Temp			
4	Intake Air			
5	MAF			
6	AFS B1 S2			
7	Total FT #1			
8	Short FT #1			
9	Long FT #1			

8. 故障排除步骤

综合以上故障诊断分析方法和维修手册，写出故障排除步骤，利用故障树或其他流程图的形式进行展示。

六、评价反馈

组员进行自我评价、相互评价，完成表4-1-4所示的相应内容。

组间评价说明：

（1）电路识图。评价人任意指定燃油系统相关的元器件，被评价人在电路图册中找出相应元器件所在的页码，并在实车或台架上找出对应的元器件，填写于评价表中。

（2）评价要求。组间评价表由评价人给予对应评价等级：单行全对的得"A"，错两个（含）以下的得"B"，错两个以上的得"C"。

表 4-1-4　学习评价表

项　目	评价内容	评价等级		
		😎	🙂	☹
自我评价	学到的知识点：			
	学到的技能点：			
	不理解的有：			
	还需要深化学习并提升的有：			
组内评价	○按时到场　　　○工装齐备　　　○书、本、笔齐全			
	○安全操作　　　○责任心强　　　○7S管理规范			
	○学习积极主动　○合理使用教学资源　○主动帮助他人			
	○接受工作分配　○有效沟通　　　○高效完成工作任务			
组间评价	元件代码　　元件名称　　在电路图册中的页码　　在实车中的位置			
	B2			
	控制线路检测　　端子符号　　参考值　　检测值			
	流量计工作电压			
	流量计信号电压			
	进气温度信号电阻			
	进气温度信号电压			
小组评语及建议	他（她）做到了：　　　　　　　　　　　　　　组长签名： 他（她）的不足： 给他（她）的建议：　　　　　　　　　　　　　　年　　月　　日			
老师评语及建议		评价等级： 教师签名： 年　　月　　日		

七、学习材料

空气供给系统是向汽油机提供与发动机负荷相适应的、清洁的空气，同时对流入发动机气缸的空气质量进行直接或间接计量，使它们在系统中与喷油器喷出的汽油形成空燃比符合要求的可燃混合气。

空气供给系统主要由空气滤清器、空气流量计或歧管绝对压力传感器、节气门体等组成，如图 4-1-7 所示。空气系统的进气流程如图 4-1-8 所示。

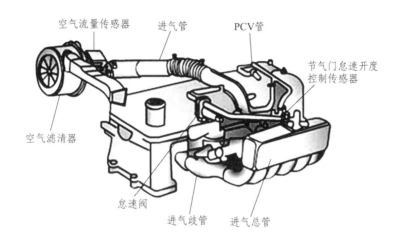

图 4-1-7　电控发动机进气系统

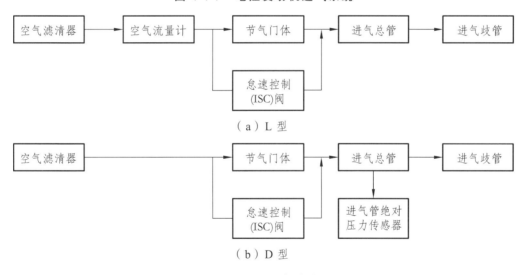

（a）L 型

（b）D 型

图 4-1-8　进气流程

1. 空气滤清器

空气滤清器的主要功用是滤除空气中的灰尘、砂粒等杂质，保证气缸中进入足量、清洁的空气。另外，空气滤清器也有降低进气噪声的作用，其实物如图 4-1-9 所示。

2. 进气温度传感器

进气温度传感器通常安装在空气滤清器之后的进气管上或翼板式空气流量计内，有的安装在谐振腔上。进气温度传感器的作用是检测发动机的进气温度，送给 ECU 作为修正喷油量的参考。传感器内部也是一个负温度系数的热敏电阻，温度升高时阻值下降，如图 4-1-10 所示。

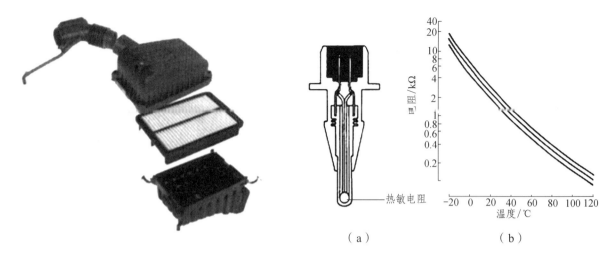

图 4-1-9　空气滤清器　　　　　　　　图 4-1-10　进气温度传感器

3. 空气流量计

空气流量计是最重要的传感器之一，它被使用在 L 型 EFI 中，用来检测吸入空气质量或体积。

吸入空气的质量或体积的信号用于计算基准喷射时间和基准点火提前角。空气流量计大体分为两种类型：测定吸入空气质量的质量型空气流量计和体积型空气流量计。两种类型（见图 4-1-11）包括各自不同的方式。质量型空气流量计：热线式；体积型空气流量计：叶片式和光学卡尔曼涡流式。因为热线式空气流量计测量精度高、质量轻和耐久性好，通常大多采用热线式空气流量计。

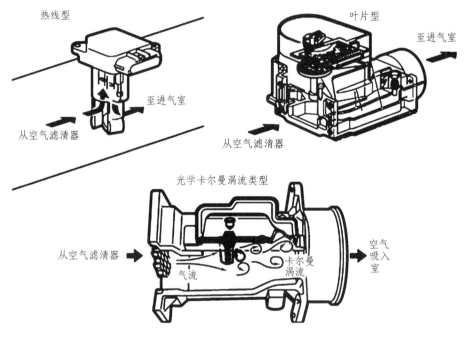

图 4-1-11　空气流量计

（1）叶片式。

如图 4-1-12 所示，叶片式空气流量计由许多零件组成。当空气从空气滤清器流入空气流量计时，气流推动计量板。当计量板压力与计量板回位弹簧力相等时，计量板就平衡在某一个位置。与计量板轴向连接的电位计将吸入的空气量转化成可以发送给发动机 ECM 的电压信号（YV 信号）。

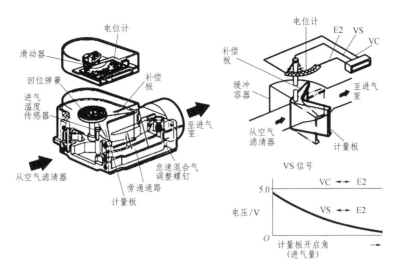

图 4-1-12　叶片式空气流量计

（2）光学卡尔曼涡流式。

如图 4-1-13 所示，它通过光电直接感应吸入的空气量。这既简化了进气道的构造，又减少了吸入空气的阻力。如果将一个物体放在气流通道内，在物体进气口便产生一个或多个涡流（卡特曼涡流）。由于产生的卡尔曼涡流的频率与空气流速成比，气流容积就可通过测量涡流频率来计算。

涡流检测方法：通过把涡流的压力变化引向金属箔膜制成的反光镜表面，利用一对光敏付（发光二极管和光电晶体管）来检测反光镜的振动。

如图 4-1-13 所示，进气量（NV）信号是个脉冲信号。当进气量低时，信号频率也低。当进气量大时，信号就有很高的频率。

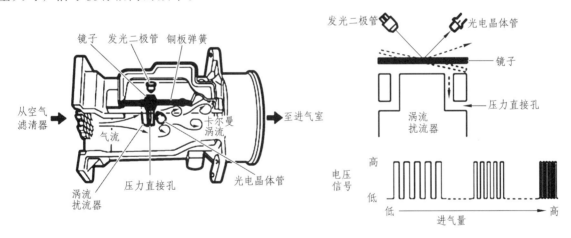

图 4-1-13　光学卡尔曼涡流式空气流量计

（3）热线式。

热线式空气流量计的工作原理如图 4-1-14 所示，在进气管道中放置热线电阻 R_H，当空气流过热线时，热线的热量被空气吸收，使其变冷，R_H 电阻降低，改变了电桥的电压平衡。热线周围通过的空气流量越大，被带走的热量越多。热线式空气流量计是利用热线与空气之间的这种热传递现象进行空气流量测量的。其工作原理是，将热线温度与吸入空气温度差保持在 100 ℃，热线温度由混合集成电路控制，当空气流量增大时，由于空气带走的热量增多，为保持热线温度，混合集成电路使热线电阻通过的电流增大；反之，则减小。这样，使得通过热线电阻的电流是空气流量的单一函数，即热线电流随着空气流量的增大而增大，随着空气流量的减小而减小。

109

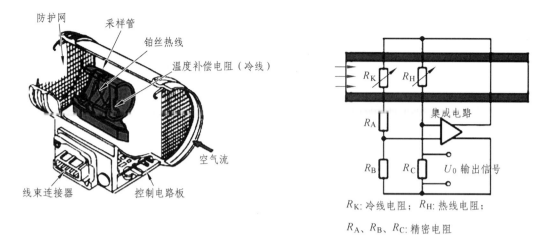

图 4-1-14　热线式空气流量计原理图

R_K: 冷线电阻；R_H: 热线电阻；

R_A、R_B、R_C: 精密电阻

内部电路如图 4-1-15 所示，在实际空气流量计中，热线并入桥式电路。桥式电路具有相应的特性，当沿着对角线的阻值相等时，A 点和 B 点的电位相等。当热线被吸入的空气冷却时，电阻值降低导致 A 点、B 点产生电位差。运算放大器检测到电位差并且施加电压给电路（增加热线电流）。这样热线温度上升，使热线阻值增大，直到 A 点和 B 点的电位相等（A、B 电压升高）。通过利用这种桥式电路的特性，空气流量计就可以通过检测 B 点电压来测量进气量。

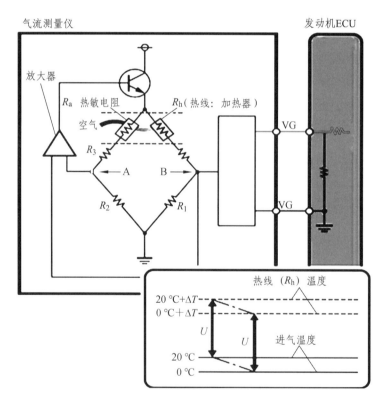

图 4-1-15　内部电路

在此系统中，由于使用了热敏电阻，热线的温度可持续地保持在比进气温度更高的恒定温度上。而且，即使进气温度是变化的，也能精确地测量出进气的质量，所以发动机 ECM 就没有必要为了进气温度来校正燃油喷射时间。此外，因处于高海拔，空气密度较小，与处于海平面处、相同容积的空气做比较，则其冷却能力也较小。其结果是热线的冷却量降低。既然探测到的进气

110

质量也将降低，所以不需要采用高海拔补偿校正。

（4）丰田卡罗拉质量空气流量计。

质量空气流量计主要由防护网、测试管、铂金热线、温度补偿电阻、控制电路板、接插件等元器件组成。该质量空气流量计安装在进气管路内，可以把流过的空气质量的物理值转化为电信号。工作原理：该空气流量计使用铂热电阻线。热阻空气流量计由铂热电阻线、热敏电阻和装于塑料壳内的控制电路组成。热阻空气流量计工作原理：位于壳上的进气旁路中的铂热电阻线和热敏电阻检测进气温度的变化。铂热电阻线由控制通过它的当前流量而保持在一设定的温度。该当前流量作为空气流量计的输出电压测出。电路的构成：铂热电阻线和热敏电阻提供了由功率晶体管控制的一个电桥，以使 A 和 B 的电位相等，从而保持设定温度，如图 4-1-16 所示。简单地说，当发动机启动后，空气气流会带走铂丝周围的热量而使温度下降，铂丝电阻值也随之改变，从而导致电桥失去平衡，此时与热线相连的桥式电路将改变电流以保持温度恒定。当进气量增大时，被带走的温度也随之增大，相反则减少。电桥电流变化随通入进气量所带走温度的变化而变化，导致产生的电压信号也发生变化，然后把信号传输给电子控制单元，间接测量了通入气缸的空气量。电子控制单元经过计算分析后确定合适的喷油量，并发出相关指令，以确定修正喷油量和点火正时。

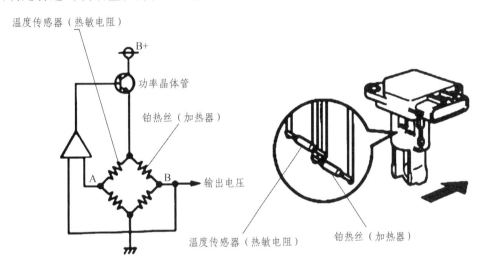

图 4-1-16　卡罗拉质量空气流量计的原理图

4. 进气歧管绝对压力传感器（MAP）

作用：间接测量空气的流量。检测进气歧管的真空度，并将压力信号转变成电子信号输送给发动机控制系统，作为控制喷油脉冲宽度和点火正时的主要参考信号。

分类：目前运行的汽车中，按信号产生的原理不同，进气歧管压力传感器主要包括半导体压敏电阻式、电容式、膜盒传动的可变电感式和表面弹性波式。

歧管压力传感器与 D 型 EFI 一起用于检测歧管的进气压力，是 D 型 EFI 中最重要的传感器之一。利用此传感器内部的 IC，歧管压力传感器将歧管进气压力传感为 PIM 信号。然后，发动机 ECU 根据此 PIM 信号，确定基本喷射时间和基本点火提前角。如图 4-1-17 所示，传感器单元内装有一个硅芯片，并结合一个保持在预定真空度的真空室。硅芯片的一侧暴露于歧管进气压力，另一侧则暴露于内部真空管。因为即使海拔高度有变化，歧管进气压力也能精确测量，所以，不需要采用高海拔补偿校正。歧管进气压力的变化会造成硅芯片形状的变化，硅芯片的电阻值也会根据变形程度而变化。此电阻值变动经 IC 变换后所得的电压信号就是 PIM 信号。

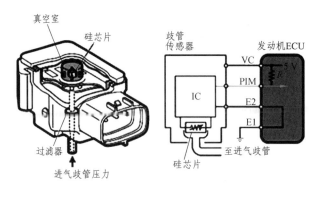

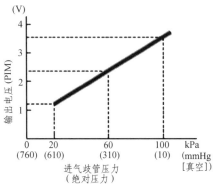

图 4-1-17　歧管压力传感器

学习活动二　发动机电子节气门故障诊断与排除

一、学习目标

（1）能够在老师的指引下，查阅资料，完成缸内直喷发动机电控系统组成的信息检索。

（2）能够根据操作要点，规范填写维修工作单，合理分配人员，并具体实施。

（3）能够绘制实车或台架电子节气门控制电路图，并描述工作过程。

（4）能够分析并描述电子节气门的控制原理及可能存在的故障现象和原因。

（5）能够建立初步诊断思路，分析电子节气门系统可能存在的故障现象和原因，并列举简要检测步骤。

（6）能够规范拆装、检测电子节气门及其系统部件并判断性能。

（7）能够描述电子节气门及其系统部件的工作原理和检测方法。

（8）能够列举电子节气门的常见故障现象，并分析故障原因。

（9）能够在团队作用下，独立或集体完成学习任务。

（10）能够执行活动过程的 7S 管理要求。

（11）能够按职业能力评价要求进行展示评价。

二、学习准备

设备：卡罗拉发动机实训台架或整车、充电机、汽车故障诊断仪、喷油器清洗检测仪等。

常用工量具：工具车 1 套，配备常用梅花扳手、套筒扳手、螺丝刀、试灯、万用表等。

油料、材料：电子节气门、保险丝、汽油、碎布等。

资料：网络资源、维修手册、维修工作单、安全操作规程。

分组：每组5~6人，小组讨论后，由组长按岗位分配人员。

三、学习内容

发动机电子节气门故障诊断与排除学习任务如图4-2-1所示。

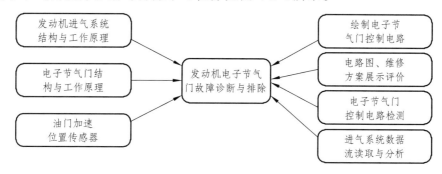

图 4-2-1 学习任务

四、引导问题

（1）普通机械式节气门体安装于_____，节气门位置传感器一般安装于_____。

（2）节气门位置传感器的作用：_____，

有_____、_____、_____等形式。

（3）四线节气门位置传感器的各管脚功能是_____、_____、_____、

_____。

（4）电子节气门的工作原理：_____

_____。

（5）电子节气门上的水管作用：_____。

（6）油门踏板位置传感器有_____、_____两种形式。

五、学习过程

1. 填写维修工作单

（1）根据学习活动拆分活动环节或步骤，制订相关维修作业计划。

（2）小组讨论分工填写维修工作单——附件1。

查阅维修手册及相关资源，参考规范操作图（见图4-2-2），列举发动机进气系统检修注意事项：

_____

_____

_____

_____

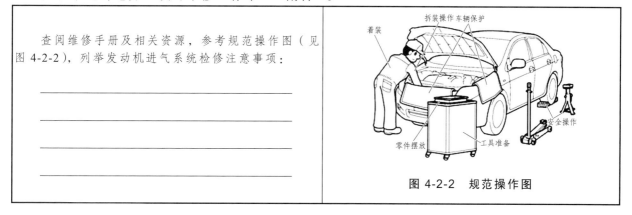

图 4-2-2 规范操作图

113

2. 确认故障现象

启动发动机,观察仪表相关故障指示灯,根据发动机工作状况,结合组合仪表图(见图4-2-3)完成表4-2-1,并简单描述故障现象。

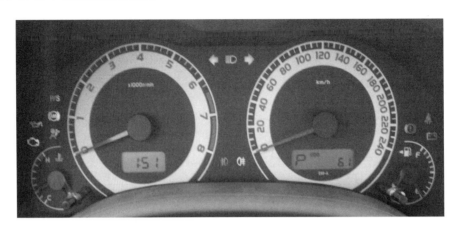

图 4-2-3　组合仪表指示灯

表 4-2-1　故障检查确认

图形	指示灯名称	检查结果	结果填写	初步判定
			闪烁/持续点亮/××s后熄灭 /发动机运转后熄灭	
发动机转速表(最大值)			实际转速	
油门踏板位置		发动机运转情况(无反应/转速)		
油门踏板初始位置				
油门踏板中间位置				
油门踏板最深位置				
确定故障现象:_____				

3. 拆绘电路图

查阅卡罗拉维修手册电路图册,检索关于电子节气门的相关电路信息,拆绘电路图。

(1)电子节气门所在电路图的页码是_____。

(2)拆绘电路图。在维修手册电路图"发动机控制"中拆绘实车或台架电子节气门相关电路图,要求 ECU 电源控制电路完整,标注元器件名称、代码、内部结构以及导线颜色、端子编号对应的关系等(绘制在下页方框内)。

(3)展示评价。结合职业能力评价表进行展示评价——附件3。

4. 分析故障原因

根据维修手册和相关资料，分析可能出现电子节气门故障代码的故障原因，按先后顺序填写鱼骨图（见图 4-2-4）。

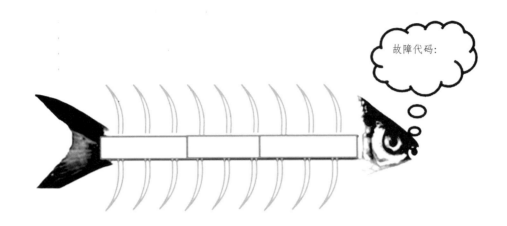

图 4-2-4　电子节气门故障原因

5. 控制线路及传感器检测

（1）四线式节气门位置传感器检测。

参考四线式节气门位置传感器内部结构及线路图（见图 4-2-5），检测节气门位置并判断性能，完成表 4-2-2。

表 4-2-2　四线式节气门位置传感器检测表

检查项目	端子含义	检测条件	档位	检测值	标准值	检测结果 （正常/不正常）
Vc-E2						
IDL-E2		节气门关闭				
		节气门打开				
VTA-E2		节气门全关				
		节气门打开				

116

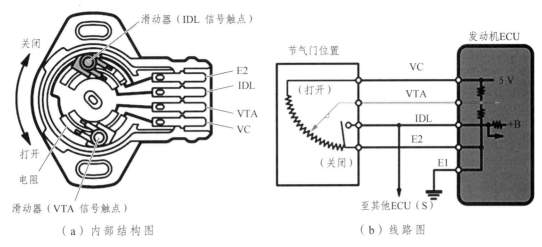

（a）内部结构图　　　　　　　　　　（b）线路图

图 4-2-5　四线式节气门位置传感器内部结构及线路图

（2）检测大众 7 线直动拉索式节气门。

参考节气门内部结构（见图 4-2-6），检测节气门体并判断性能，完成表 4-2-3。

表 4-2-3　大众车型节气门检测

检查项目	检测端子	检测条件	档位	检测值	标准值	检测结果（正常/不正常）
怠速电机电阻					1 ~ 200 Ω	
怠速触点电阻		节气门全关			0 Ω	
		节气门打开				
节气门电位计电阻		全关至全开			1.1 ~ 0.3 kΩ	
怠速位置电阻		拉动电机齿轮			0.9 kΩ	

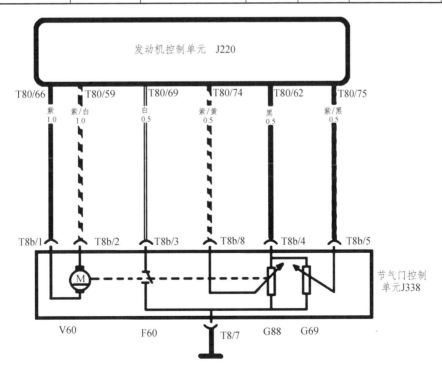

图 4-2-6　节气门线路结构图

117

（3）卡罗拉电子节气门检测。

查阅卡罗拉维修手册 ES 及电路图册"发动机控制"部分，参考电子节气门内部结构图（见图 4-2-7），将节气门零部件名称填写在图中方框内，检测节气门并判断性能，完成表 4-2-4。

表 4-2-4　丰田卡罗拉电子节气门检测表

检查项目	检测点(符号、端子号)	检测条件	工具	档位	检测值	标准值	检测结果（正常/不正常）
节气门电机电阻	（　　　）					0.2～100 Ω	
节气门工作电压	（　　　）					4.5～5.5 V	
节气门位置信号 1	（　　　）					0.8～4.8 V	
节气门位置信号 2	（　　　）					2.1～5.51 V	

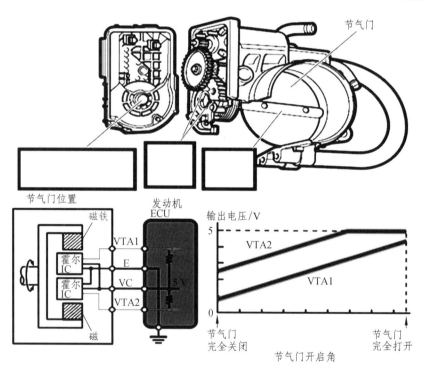

图 4-2-7　丰田卡罗拉电子节气门内部结构图

（4）卡罗拉踏板位置传感器检测。

查阅卡罗拉维修手册 ES 及电路图册"发动机控制"部分，参考踏板位置传感器电路图（见图 4-2-8），检测油门踏板位置传感器，并判断性能，完成表 4-2-5。

表 4-2-5　油门踏板位置传感器检测表

检查项目	检测点（符号、端子号）	检测条件	工具	档位	检测值	标准值	检测结果（正常/不正常）
传感器电源	（　　　　）						
	（　　　　）						
传感器信号线	（　　　　）						
	（　　　　）						

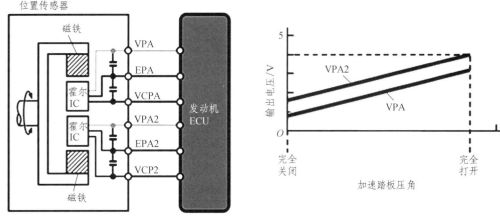

图 4-2-8　踏板位置传感器电路图

通过以上传感器性能检测及控制线路检查，确定故障部位。

◆ 确定故障部位并修复：_____。

6．读取数据流

（1）重新读取并清除发动机故障代码。

（2）读取发动机进气系统相关数据流，完成表 4-2-6。

表 4-2-6　进气系统相关数据流

序号	汽车故障诊断仪显示	测量项目	范围	测量值
1	Engine Speed			
2	Calculate Load			
3	Coolant Temp			
4	Intake Air			
5	Accelerator Position No.1			
6	Accelerator Position No.2			
7	Throttle Sensor Position			
8	Throttle Position			
9	Throttle Sensor Positioning#2			

7. 故障排除步骤

结合以上故障诊断分析方法和维修手册，写出故障排除步骤，利用故障树或其他流程图的形式进行展示。

六、评价反馈

组员进行自我评价、相互评价，完成表 4-2-7 所示的相应内容。

组间评价说明：

（1）电路识图。评价人任意指定进气系统相关的元器件，被评价人在电路图册中找出相应元件所在的页码，并在实车或台架找出对应的元器件，填写于评价表中。

（2）评价要求。组间评价表由评价人给予对应评价等级：单行全对的得"A"，错两个（含）以下的得"B"，错两个以上的得"C"。

表 4-2-7　学习评价表

项　　目	评价内容	评价等级		
		😎	🙂	☹️
自我评价	学到的知识点：			
	学到的技能点：			
	不理解的有：			
	还需要深化学习并提升的有：			
组内评价	○按时到场　　　○工装齐备　　　○书、本、笔齐全			
	○安全操作　　　○责任心强　　　○7S 管理规范			
	○学习积极主动　○合理使用教学资源　○主动帮助他人			
	○接受工作分配　○有效沟通　　　○高效完成工作任务			
组间评价	元件代码　／元件名称　／在电路图册中的页码　／在实车中的位置			
	B25			
	A3			
	传感器检测　／端子　／范围值　／检测结果			
小组评语及建议	他（她）做到了： 他（她）的不足： 给他（她）的建议：	组长签名： 年　　月　　日		
老师评语及建议		评价等级： 教师签名： 年　　月　　日		

七、学习材料

（一）节气门体-节气门位置传感器

节气门位置传感器安装在节气门体上，如图 4-2-9 所示。此传感器将节气门开度角度转换成电压，并送至发动机 ECU 作为节气门开度信号（VTA）。此外，某些装置输出单独的 IDL 信号。当 VTA 电压低于标准值时，其他装置确定其处于息速状态。目前，线型和霍尔元件型节气门位置传感器都在使用。此外，还有采用双系统输出节气门位置传感器，以提高可靠性。

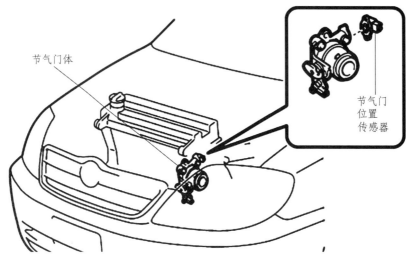

图 4-2-9　节气门安装位置图

（二）节气门控制

根据加速踏板被踩下的程度和发动机以及汽车的状态使节气门开启到最佳位置，从而实现息速控制、巡行控制、加速控制、雪地模式和牵引力控制等综合性控制。如图 4-2-10 所示，节气门控制可以分为无拉线式和有拉线式两种（近年来有拉线式已经逐步被无拉线式取代）。

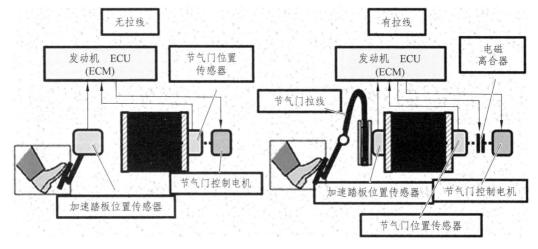

图 4-2-10　节气门控制

（三）电子节气门

为了提高汽车行驶的安全性、动力性、平稳性及经济性，并减少污染排放，世界各大汽车制造商推出了各种控制特性良好的电子节气门及其相应的电子控制系统，组成电子节气门控制系统（ETCS）。

采用电子节气门控制系统，使节气门开度得到精确控制，不但可以提高燃油经济性、减少排放，同时，系统响应迅速，可获得满意的操控性能；另一方面，可实现怠速控制、巡航控制和车辆稳定控制等的集成，简化了控制系统结构。

1. 系统组成

如图 4-2-11 所示，电子节气门控制系统由加速踏板、电子节气门（见图 4-2-12）和 ECU 等组成。

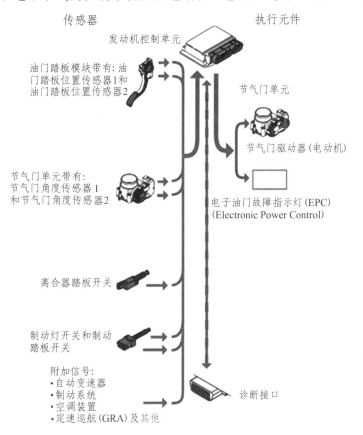

图 4-2-11　系统组成

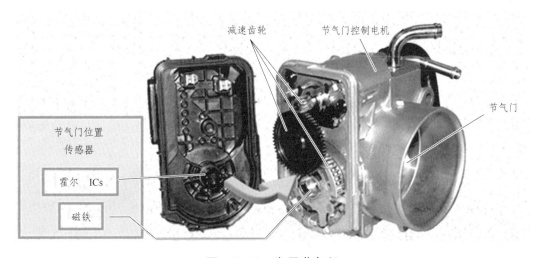

图 4-2-12　电子节气门

（1）加速踏板（带位置传感器）如图 4-2-13 所示：用来确定踏板位置并将踏板位置信号传递给控制单元。

图 4-2-13　加速踏板

（2）发动机控制单元（ECU）：接收踏板位置传感器信号，根据输入的电压信号计算得知所需动力，并根据其他信号，如急加速、空调、自动变速器起步的扭矩信号，计算出实际的节气门开度，同时还监控节气门系统。

（3）节气门控制单元：控制所需进气量，根据控制系统提供信号调节节气门开度，反馈节气门信号。

（4）节气门故障灯（大众车型在仪表上为 EPC 灯）：提供节气门故障信息给驾驶员。

（5）传感器和执行器传感器：带油门踏板传感器的加速踏板模块、带节气门开度传感器的节气门单元、离合器踏板开关、制动开关。

（6）执行器：带节气门驱动装置的 G186、节气门故障灯 K132。系统正常时打开点火开关 3 s 自检后熄灭，有故障时则常亮。

2．工作原理

如图 4-2-14 所示，系统分成两路来同时进行控制。

第一路管理的是影响充气的调节量，人们把这些调节量称为"长期有效的扭矩请求"。这些量有：节气门开启角度、增压压力（涡轮增压发动机）。

第二路管理的是短时影响扭矩而又不依赖于充气的调节量。这些量有：点火时刻、喷油时间、关闭某缸。

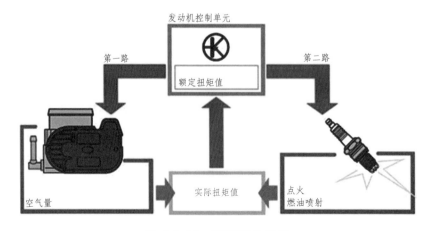

图 4-2-14　两路调节系统

3．工作过程

（1）怠速时。

发动机控制单元从油门踏板位置传感器的电压信号中得知：没有踏动油门踏板，怠速调节过程开始工作，如图 4-2-15（a）所示。

发动机控制单元激活节气门驱动装置，于是电机就带动节气门转动。根据实际怠速转速值与规定怠速转速值之间偏差的大小，节气门会再打开一些或再关闭一些，如图 4-2-15（b）所示。

这两个节气门角度传感器将节气门瞬时位置信息传送给发动机控制单元。这两个节气门角度传感器在节气门单元内，如图 4-2-15（c）所示。

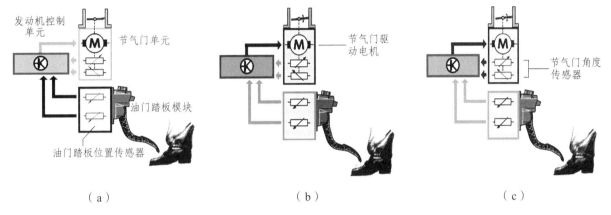

（a）　　　　　　　　　　　（b）　　　　　　　　　　　（c）

图 4-2-15　怠速时

（2）踏动油门踏板。

发动机控制单元根据油门踏板位置传感器所传来的信号，就可以判断出油门踏板被踏下到什么程度。于是发动机控制单元就计算出司机所需要的状态，并通过节气门电机来将节气门转到需要的位置处。另外，发动机控制单元还会调节点火正时、喷油时间以及增压压力（如果有的话），如图 4-2-16（a）所示。

两个节气门角度传感器会判定节气门的位置，并将这个信息发送给发动机控制单元，如图 4-2-16（b）所示。

在计算节气门应处的位置时，发动机控制单元会考虑到额外的发动机扭矩需求。这些额外的因素包括：转速限制、定速巡航（GRA）、驱动防滑调节（ASR）、发动机牵引力矩调节（MSR）。在遇到有发动机扭矩需求时，即使司机并没有踏动油门踏板，系统也会调节节气门的位置，如图 4-2-16（c）所示。

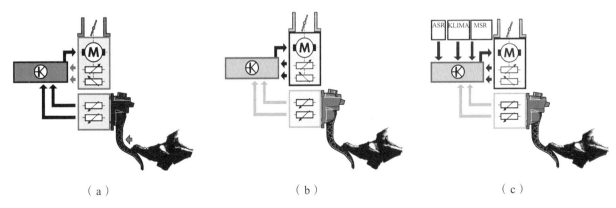

（a）　　　　　　　　　　　（b）　　　　　　　　　　　（c）

图 4-2-16　踏动油门踏板时

4. 控制形式

当发动机不转动且点火开关打开时，发动机控制单元根据加速踏板位置传感器的信息来控制节气门控制器。也就是说，当加速踏板踏下一半时，节气门也打开一半；当加速踏板全部踏下时，节气门也会全部打开。

当发动机运转（有负荷）时，发动机控制单元可不依靠加速踏板位置传感器来打开或关闭节气门。也就是说，尽管加速踏板只踏下一半，但节气门可能已完全打开。这样就有一个优点：不但可避免节流损失，而且还能在一定负荷状态下减少有害物质排放并降低油耗。发动机所需转矩由发动机控制单元通过节气门开度、进气量、发动机转速等来确定。

（1）基于发动机转矩需求的节气门控制。

传统油门的节气门开度完全取决于驾驶员的操作意图。电子节气门系统的节气门开度并不完全由加速踏板位置决定，而是控制单元根据当前行驶状况下整车对发动机的全部转矩需求，计算出节气门的最佳开度，从而控制电机驱动节气门到达相应的开度，如图4-2-17所示。因此，节气门的实际开度并不完全与驾驶员的操作意图一致。

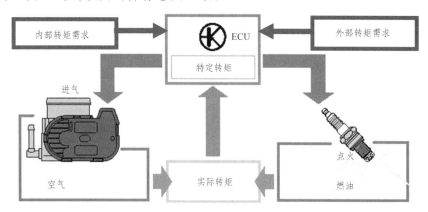

图 4-2-17　节气门控制

（2）传感器冗余设计

电子节气门系统采用两个踏板位置传感器和两个节气门位置传感器，传感器两两反接，实现阻值的反向变化，即两个传感器阻值变化量之和为零。对两个传感器施加相同的电压，两者输出的电压信号也相应反向变化，且其和始终等于供电电压。

从控制角度上讲，使用一个传感器就可以使系统正常运转，但冗余设计可以使两个传感器相互检测，当一个传感器发生故障时能被及时识别，在很大程度上增加了系统的可靠性，保证了行车的安全性。

（3）可选的工作模式。

驾驶员可根据不同的行车需要，通过模式开关选择不同的工作模式，一般有正常模式、动力模式和雪地模式三种，区别在于节气门对加速踏板的响应速度不同。在正常模式下，节气门对加速踏板的响应速度适合于大多数行驶工况。在动力模式下，节气门加快对加速踏板的响应速度，发动机能提供额外的动力。在附着较差的工况下（如雪地、雨天），驾驶员可选择雪地模式驾驶车辆，此时节气门对加速踏板的响应降低，发动机输出的功率比正常情况下小，使车轮不易打滑，保持车辆稳定行驶。

（4）海拔高度补偿。

在海拔较高的地区，大气压下降，空气稀薄，氧气含量下降，会导致发动机输出动力下降。

此时电子节气门系统可按照大气压强和海拔高度的函数关系对节气门开度进行补偿，保证发动机输出动力和加速踏板位置的关系保持稳定。

5. 电子节气门主要功能

（1）牵引力控制（ASR）。

牵引力控制系统又称驱动防滑系统。它的作用是当汽车加速时，将滑移率控制在一定的范围内，从而防止驱动轮快速滑动。它的功能：一是提高牵引力；二是保持汽车的行驶稳定。它通过减少节气门开度来降低发动机功率从而达到控制目的。其原理如下：控制单元采集加速踏板的位置、车轮速度和方向盘转向角度等信号，通过计算求得滑移率，并产生相应的控制电压信号，通过数据总线把信号传送至控制单元，依据此信号，控制单元将减少节气门开度来调整混合气流量，以降低发动机功率。此时控制单元对节气门发出的控制信号将不受驾驶员驾驶意图的影响，这样就可以避免驾车者的误操作。

（2）巡航控制（CCS）。

巡航控制系统又称为速度控制系统，它是一种减轻驾车者疲劳的装置。当驾驶员开启该系统时，车速将被固定下来，驾驶员不必长时间踩踏加速踏板。其原理如下：车速传感器将车速信号输入控制单元，控制单元根据行驶阻力的变化输出信号自动调节节气门开度，当汽车阻力增大（上坡）和车速降低时，控制节气门开度增大，反之减小，使行驶车速保持稳定。

（3）怠速控制（ISC）。

电子节气门系统取消了怠速调节阀，而是直接由控制单元调节节气门开度来实现车辆的怠速控制。

（4）减少换档冲击控制。

根据当前车速、节气门开度以及发动机转速等信号，控制单元选择合适的传动比，实现自动换档。

学习任务五 发动机冷却系统故障诊断与排除学习任务设计方案

专业名称	汽车技术服务与营销	一体化课程名称	汽车发动机电控系统故障诊断与排除
学习任务	发动机冷却系统故障诊断与排除	建议学时	24
工作情境描述	王先生在下班途中，发现车辆水温表指示过高，现车辆进厂维修，技术人员初步诊断为水温过高。作为未来的维修人员，我们将会按照维修工作单和车间作业流程，在老师的指引下，按照维修手册的要求，对本故障进行规范拆检，制订维修方案，确定故障部位，排除故障，恢复车辆性能并最终检验合格后交付前台		
学习任务描述	在老师的指导下确认水温指示过高的故障现象，接受故障排除任务后学习冷却系统的结构组成及工作原理，并完成相关工作页的填写，对冷却系统相关部件进行检测，确定故障部位，制订维修方案，排除故障并竣工检验合格，交付车辆后进行总结、评价		
与其他学习任务的关系	在汽车维护保养学习任务中，在了解汽车基本结构的基础上完成本学习任务，通过本学习任务的学习为汽车发动机故障诊断的其他学习任务打下基础		
学生基础	学生已经完成了汽车维护、保养的操作知识，对汽车发动机各系统的结构认识有了一定的了解		
学习目标	1. 知识 （1）能通过维修手册及网络资源检索冷却系统故障相关信息。 （2）能描述冷却系统的作用、结构组成和工作原理。 （3）能描述电路图的识读方法以及电路拆绘的要点。 （4）能描述冷却系统常见故障原因和排除方法。 2. 技能 （1）能正确测试冷却系统性能，确认故障现象并初步分析故障原因。 （2）能识读并按要求拆绘冷却系统电路图，分析故障原因，制订维修方案并进行展示评价。 （3）能在老师指引下，按照故障检修流程，拆检相关部件，检测线路，确定故障部位并最终排除故障后进行总结评价。 （4）能就车拆装冷却系统零部件，按要求进行零部件检测并判断性能。 3. 素养 （1）能在团队作用下独立或协作完成故障检修、总结评价等任务。 （2）能遵守工作过程的 7S 检验和职业能力展示评价		
学习内容	（1）学习安全操作规程及 7S 现场管理规定。 （2）维修手册、电路图册的使用。 （3）仪器仪表（水箱测漏仪、汽车故障诊断仪）的使用。 （4）冷却系统的作用、结构组成及工作原理。 （5）汽车冷却系统电路图的识读及拆绘。 （6）冷却系统故障检测及排除。 （7）节温器拆解与检测。 （8）与他人沟通合作，获取信息，对学习与工作进行总结，展示评价		

教学条件	维修手册、安全操作规程、车间管理制度、7S管理规范制度、普通拆装工具、万用表、水箱测漏仪、车辆、举升机等
教学组织形式	教学组织形式：小组学习。 1. 情景再现 教师组织学生以小组的形式观察水温指示高的现象，初步检测，明确学习任务。 2. 初步分析 小组利用工作页和相关知识分析冷却系统故障现象及原因。 3. 制订方案 学生分组拆绘冷却系统电路图，分析故障原因，制订维修方案并展示评价。 4. 实施方案 小组进行汽车冷却系统的拆装检测，排除故障，工作过程实行自检、互检和终检三级检验。 5. 评价反馈 小组总结、评价，实行自评、互评、教师点评综合评价
教学流程与活动	1. 教学流程 复习与提问→再现情境→任务导入→任务分配→任务实施→评价反馈。 2. 学习活动 <table><tr><td>学习活动</td><td>发动机电子扇不工作故障诊断与排除</td><td>24学时</td></tr></table>
评价内容与标准	1. 专业能力评价标准 （1）规范使用工量具和检测设备。 （2）通过参数检测判断冷却系统性能。 （3）拆绘电路图，分析故障原因，完成鱼骨图。 （4）按照故障诊断流程排除故障并总结排除故障的思路。 （5）描述冷却系统的作用、结构组成和工作原理。 （6）描述电路图查阅方法和思路。 （7）描述节温器结构类型和工作特点。 （8）工作过程的自检、互检、终检和7S监督，执行安全操作，做好安全防护。 2. 社会能力评价标准 （1）收集资料、方案制作能力（PPT制作能力、图案绘制能力）。 （2）展示表达能力，沟通交流能力，团队协作能力。 （3）观察分析相互评价、相互肯定与提升的能力。 3. 方法能力评价标准 （1）电路识图方法。 （2）通过维修手册和网络资源有效获得支撑资料的方法。 （3）通过维修资料和场地资源，小组、老师等团队资源解决问题的方法

学习活动 发动机电子扇不工作故障诊断与排除

一、学习目标

（1）能够在老师的指引下，查阅资料，完成缸内直喷发动机电控系统组成的信息检索。
（2）能够根据操作要点，规范填写维修工作单，合理分配人员，并具体实施。
（3）能够对冷却系统进行初步检查，并确认故障现象。
（4）能够实车或台架认知冷却系统元件，并描述各部件的名称、作用和安装位置。
（5）能够拆绘发动机电子扇控制电路图，并描述其工作原理。
（6）能够排除空气流量计故障，记录工作过程并形成完整的排除故障思路。
（7）能够描述节温器的控制方式及类型。
（8）能够在团队作用下，独立或集体完成学习任务。
（9）能够执行活动过程的 7S 管理要求。
（10）能够按职业能力评价要求进行展示评价。

二、学习准备

设备：卡罗拉发动机实训台架或整车、举升机、充电机、汽车故障诊断仪、水箱测漏仪等。
常用工量具：工具车 1 套，配备常用梅花扳手、套筒扳手、螺丝刀、试灯、万用表、塞尺等。
油料、材料：冷却水、节温器、继电器、保险丝、汽油、碎布等。
资料：网络资源、维修手册、维修工作单、安全操作规程。
分组：每组 5 ~ 6 人，小组讨论后，由组长按岗位分配人员。

三、学习内容

发动机电子扇不工作故障诊断与排除学习任务如图 5-1-1 所示。

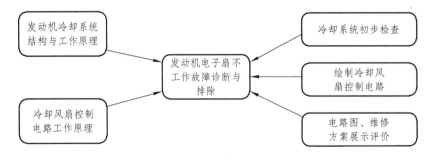

图 5-1-1 学习任务

四、引导问题

（1）冷却方式主要有两种，分别为_____、_____，汽车发动机主要的冷却方式为_____。
（2）常用冷却系统由_____、_____、_____、

_____、_____、_____、_____等组成。

（3）冷却系统中冷却液是重要的工作介质，由_____、_____、_____组成，按其防冻剂成分不同可分为_____、_____、_____等冷却液。

（4）节温器种类分为_____、_____，其中_____是在蜡式节温器的基础上增加了_____。

（5）发动机冷却系统的循环方式有_____、_____，其_____时，冷却水循环路径方式是经过旁通阀流入水泵入口，通过加压后流回缸体里面，此时冷却液温度低于_____；当_____时，冷却水循环路径是节温器主阀门完全开启，旁通阀关闭，来自发动机内的冷却液经过散热器进行散热，此时冷却液温度_____。

（6）散热器盖可用专用压力检测器检查其工作性能，压力阀的开启压力应为_____。

（7）电子冷却风扇在冷却液温度为_____，冷却风扇低速运转，当冷却液温度为_____，冷却风扇高速运转。

（8）轿车的冷凝器与散热器共用冷却风扇，只要开启空调制冷系统，电子风扇即以_____运转方式运转。

（9）ECM根据_____、_____、_____、_____等信号，计算出合适的冷却风扇转速传送至冷却风扇ECU，以调整冷却风扇。

（10）冷却风扇的运转速度一般分为_____、_____、_____三种运转方式。

五、学习过程

1. 填写维修工作单

（1）根据学习活动拆分活动环节或步骤。

（2）小组讨论分工填写维修工作单——附件1。

2. 列举操作事项

查阅维修手册及相关资源，参考故障现象示意图（见图5-1-2），列举发动机冷却系统检修注意事项：

_____

_____

_____

_____

图 5-1-2　故障现象

3. 确认故障现象

启动发动机，观察发动机冷却系统，描述故障现象，完成表5-1-1。

表 5-1-1　故障确认检查表

项　目	检查结果	"检查结果"填写说明	初步判断
（1）高温报警灯		点亮/不亮	
（2）水温表		温度值	
（3）冷却风扇		高速/低速/不工作	
（4）冷却液液位		正常/偏低/偏高	
（5）冷却系统泄漏		管路是否泄漏	

确定故障现象：_____

4. 识别元器件

查找相关网络资源和维修手册完成冷却水循环图，并查阅卡罗拉维修手册发动机控制系统（1ZR-FE/2ZR-FE）CO 章节，检索冷却系统的相关维修信息，完成表 5-1-1 中元器件位置分布的相关信息。

（1）完成图 5-1-3 中的方框内容，选择正确的元器件名称写入方框内。

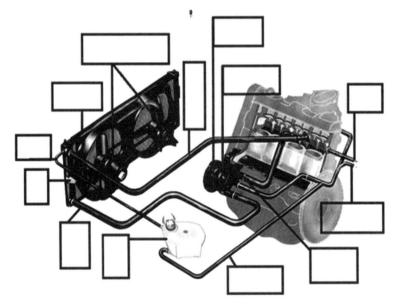

图 5-1-3　冷却系统结构

A. 电动风扇　　　　B. 双速热敏开关　　C. 散热器　　D. 水泵　　　　　E. 水泵皮带轮
F. 节温器　　　　　G. 冷却液上橡胶软管　H. 补偿水箱　I. 暖风水箱进水口　J. 暖风水箱出水口
K. 过热蒸气　　　　L. 冷却液下橡胶软管

（2）写出冷却系统循环路径。

小循环：_____

_____

大循环：_____

_____

（3）参考图 5-1-3 冷却系统结构图，查阅卡罗拉维修手册 1ZR-FE/2ZR-FE 发动机控制系统 CO

章节，查找冷却系统元器件，在实际台架中标贴中英文，并指出相应元器件的名称和作用，完成表 5-1-2。

表 5-1-2　冷却系统元器件识别

序号	元器件名称及代码	英文名称	安装位置
1			
2			
3			
4			
5			
6			
7			
8			

5. 基本检查

查阅卡罗拉维修手册 1ZR-FE/2ZR-FE 发动机控制系统 CO 章节，在下面方框中写出冷却系统基本检查安全注意事项。

检查注意事项：

（1）检查补偿水箱发动机冷却液液位（见图 5-1-4）。

冷却液补偿水箱上有上限(FULL)与下限(LOW)标记，
冷却液液面在两者中间就算正常。

图 5-1-4　冷却液液位

检查结果：＿＿＿＿＿＿＿＿＿＿＿＿＿＿＿＿＿＿＿＿（正常/不正常，需添加）。

（2）使用散热器盖检测仪检查发动机冷却液是否有泄漏（见图 5-1-5）。

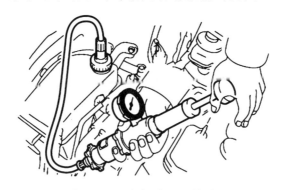

图 5-1-5　冷却液泄漏检查

测试压力：_____；检查部件：_____；检查结果：_____。

（3）检查冷却液质量。

① 散热器外观检查：_____（清洁度，是否有脏堵）。

② 发动机冷却液：_____。

6．拆绘冷却风扇电路图

查阅卡罗拉维修手册电路图册，检索关于冷却风扇的电路信息，拆绘电路图。

（1）冷却风扇电路图所在的页码是_____。

（2）拆绘电路图。在维修手册电路图"系统电路"中拆绘实车或台架冷却风扇电路图，要求电源控制电路完整，标注元器件名称、代码、内部结构以及导线颜色、端子编号对应的关系等（绘制在下页方框内）。

（3）展示评价。结合职业能力评价表进行展示评价——附件 3。

7．分析故障原因

识读电路图，查阅维修手册，分析冷却风扇不转故障及可能存在的原因，完成鱼骨图，结合职业能力评价表——附件 3 进行展示评价（见图 5-1-6）。

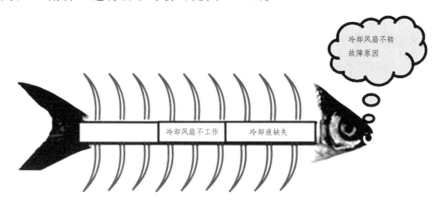

图 5-1-6　冷却风扇不工作故障原因

8．排除故障

启动发动机，观察冷却液温度至 90 °C 以上（数据流或仪表）。

（1）散热器风扇不工作的故障现象：_____。

（2）按照由简至繁的原则，检测电子部件并排除故障，完成表 5-1-3。

表 5-1-3　控制线路检测

检查项目	检测点（符号、端子号）	检测条件	工 具	档 位	检测值	标准值	检测结果（正常/不正常）
继电器 电 源							
1 号风扇继 电器	线圈 1——2						
	（　　　　）						
	触点 3——5						
	（　　　　）						
冷却风扇 CEU 至 A50、B31	（　　　　）						
冷却风扇 CEU 电源	+B——接地						
	（　　　　）						
	E1——接地						
	（　　　　）						
冷却风扇	M+——M－						
	（　　　　）						

◆　确定故障部位并修复：_____。

9．故障排除步骤

综合以上故障诊断分析方法，结合维修手册，写出故障排除步骤，利用故障树或其他流程图的形式进行展示（绘制在下页方框内）。

六、评价反馈

组员进行自我评价、相互评价，完成表 5-1-4 所示的相应内容。

组间评价说明：

（1）电路识图。评价人任意指定冷却系统相关的元器件，被评价人在电路图册中找出相应元器件所在的页码，在实车或台架上找出对应的元器件，填写于评价表中，并进行线路搭接。

（2）评价要求。组间评价表由评价人给予对应评价等级：单行全对的得"A"，错两个（含）以下的得"B"，错两个以上的得"C"。

表 5-1-4　学习评价表

项　目	评价内容			评价等级		
				😎	🙂	☹️
自我评价	学到的知识点:					
	学到的技能点:					
	不理解的有:					
	还需要深化学习并提升的有:					
组内评价	○按时到场　　　○工装齐备　　　○书、本、笔齐全					
	○安全操作　　　○责任心强　　　○7S管理规范					
	○学习积极主动　○合理使用教学资源　○主动帮助他人					
	○接受工作分配　○有效沟通　　　○高效完成工作任务					
组间评价	元件代码	元件名称	在电路图/维修手册的页码	在实车的位置		
	E62					
	B3					
	A41					
	FAN No1 relay					
		节温器				
		冷却水泵				
	冷却风扇电路线路搭接		（正确/不正确）			
小组评语及建议	他（她）做到了:			组长签名:		
	他（她）的不足:					
	给他（她）的建议:			年　　月　　日		
老师评语及建议				评价等级:		
				教师签名:		
				年　　月　　日		

七、学习材料

（一）冷却系统的功用与分类

发动机冷却系统的功用是使发动机在所有工况下都保持在适当的温度范围内。对于水冷式发动机，气缸体水套中适宜的温度为 80～90 ℃；对于风冷式发动机，气缸壁适宜的温度为 150～180 ℃。

发动机所采用的冷却方式分为水冷式和风冷式两种，如图 5-1-7 所示。以冷却液为冷却介质冷却发动机的高温零件，然后再将热量传给空气的冷却系统称为水冷系统；以空气为冷却介质的冷却系统称为风冷系统。

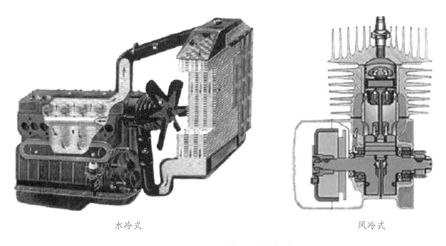

水冷式　　　　　　　　　　　　　　　风冷式

图 5-1-7　冷却系统分类

（二）强制循环式水冷却系统的组成及水循环路径

目前，在汽车发动机上应用最普遍的强制循环式水冷却系统是利用水泵提高冷却液的压力，强制冷却液在冷却系统中循环流动。强制循环式水冷却系统的组成如图 5-1-8 所示。

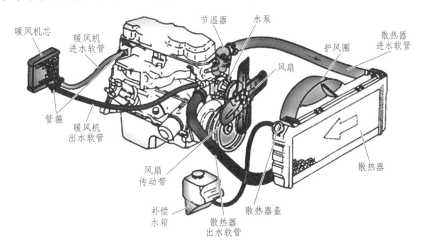

图 5-1-8　水冷却系统的组成

通常，冷却液在冷却系统内的循环流动路线有两条：一条为小循环，另一条为大循环，如图 5-1-9 所示。大循环是水温高时，冷却液全部经过散热器而进行的循环流动；而小循环就是水温低时，冷却液不经过散热器而进行的循环流动，从而使水温很快升高。冷却液是进行大循环还是小循环，由节温器来控制。

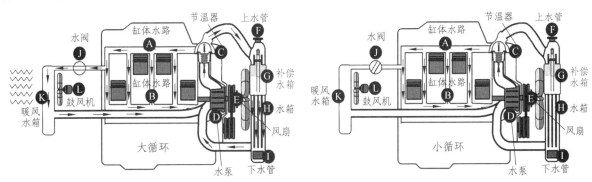

图 5-1-9　冷却液的循环路线

（三）水冷却系统主要部件及构造

1. 散热器

散热器的功用是将冷却液所携带的热量散入大气以降低冷却液温度。散热器的构造如图5-1-10所示。冷却液在散热器芯内流动，空气在散热器芯外通过。热的冷却液由于向空气散热而降温，冷空气则因为吸收冷却液散出的热量而升温，所以散热器是一个热交换器。

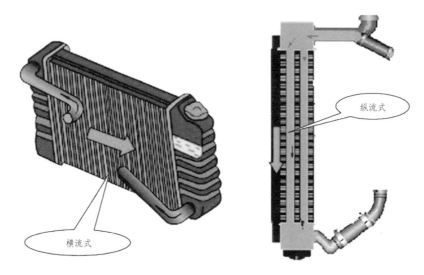

纵流式

横流式

图 5-1-10　散热器

2. 散热器盖

现代汽车发动机强制循环水冷系统多采用闭式水冷系统，即用散热器盖严密地盖在散热器加注口上，使水冷系统成为封闭系统。散热器盖的结构如图5-1-11所示，散热器盖安装有空气阀和蒸汽阀。当发动机热状态正常时，两阀在弹簧力作用下都处于关闭状态。当冷却系统内蒸汽压力超过大气压力 0.026 ~ 0.037 MPa 时，蒸汽阀便开启，如图 5-1-11（a）所示。此时将从蒸汽排出管中放出一部分冷却液到补偿水箱，使冷却液内的压力下降。提高冷却系统的蒸汽压力，可以提高冷却液的沸点，从而扩大散热器与大气的温差以增强散热能力。当冷却系统内蒸汽压力低于大气压力 0.01 ~ 0.012 MPa 时，空气阀便开启，如图 5-1-11（b）所示。空气从蒸汽排出管进入散热器，以防止散热器被大气压瘪。

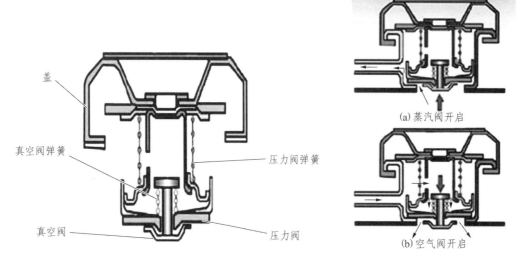

盖

真空阀弹簧

压力阀弹簧

真空阀

压力阀

(a) 蒸汽阀开启

(b) 空气阀开启

图 5-1-11　散热器盖的结构

3. 补偿水箱

补偿水箱的作用是减少冷却系统冷却液的溢失。在补偿水箱的外表面上刻有两条显示液面高度的标记线："DI"（低）和"GAO"（高），如图 5-1-12 所示。补偿水箱内的液面应位于两条标记线之间。若液面低于"DI"线时，应补充冷却液。在添加冷却液时，液面不应超过"GAO"线。

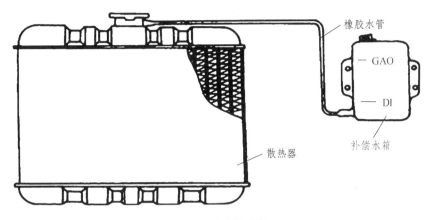

图 5-1-12　补偿水箱

4. 水　泵

水泵的功用是对冷却液加压，使其在冷却系统中加速循环流动，其结构如图 5-1-13 所示。水泵被 1 条 V 形皮带所驱动，使冷却液循环流过冷却系统和加热器。转子和水泵体使用机械式密封件，防止冷却液泄漏。如果此密封件失效，有冷却液漏出，则漏出的冷却液会从泵体内的排水孔排出，不致有冷却液泄漏在轴承上。所以，当发生冷却液泄漏时，或排放口有泄漏痕迹时，其原因很可能是机械式密封或轴承已失效。

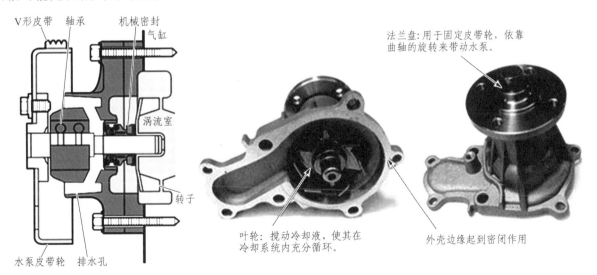

图 5-1-13　水泵的结构

5. 节温器

节温器的作用是随着冷却系统的冷却液温度变化而改变水的循环路线，以调节冷却系统的冷却强度，保证发动机处于最有利的温度状况下工作。目前，汽车发动机上采用较多的是蜡式节温器，共有两种节温器类型，一种带有旁通阀，另一种不带旁通阀，如图 5-1-14 所示。节温器内的缸筒因筒内的石蜡受热膨胀而被推动。这一推动使主阀门开启以调节流向散热器的冷却液量，从而使其保持所设定的温度。旁通阀和主阀门一起动作。当主阀门开启时，旁通阀关闭。在冷却液排空后，重新灌装时，因节温器还关闭着，所以来自发动机的空气不易释放，冷却液也不易进入。因此，需从摇阀处释放空气，使重新灌装冷却液的过程更容易。当发动机运转时，摇阀被来自水泵的水压使它保持在关闭状态。

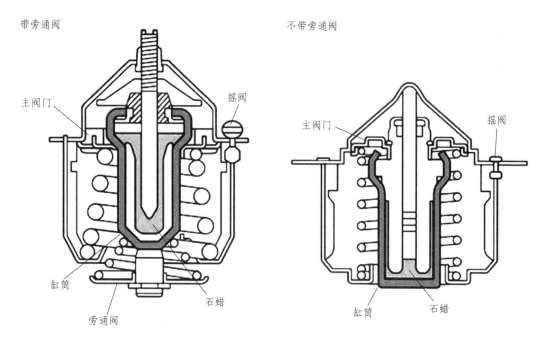

图 5-1-14　节温器的类型

6. 冷却风扇（电子扇）

冷却风扇的功用是增大流经散热器芯部的空气流速，以增强散热器的散热能力，加速冷却液的冷却，如图 5-1-15 所示。正常驾驶情况下，已有足够的空气流量供冷却用，但是在车辆停止或低速行驶时，空气流量就变得不足。所以发动机需装备冷却风扇，强制气流流过散热器。电动冷却风扇系统能感知冷却液温度，只有当温度过高时，才供给足量的空气。在正常温度下，风扇停转，这样可使发动机逐渐变暖，且降低燃料消耗和噪声。电动冷却风扇转速可在 3 个档位间转换，或转换至无级，来调节冷却性能，使它与冷却液温度和空调器运行保持同步。

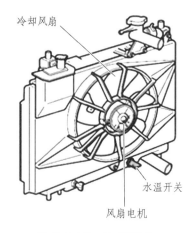

图 5-1-15　冷却风扇

电子扇的运行状况如图 5-1-16 所示。冷却液低温状态时，冷却液温度开关接通后，风扇继电器即接地。继电器线圈的电磁力使触点保持断开，电流不能流至风扇电动机；冷却液高温状态时，冷却液温度开关断开，风扇继电器电路即中断，于是接头闭合，向风扇电动机供电，使风扇高速转动。

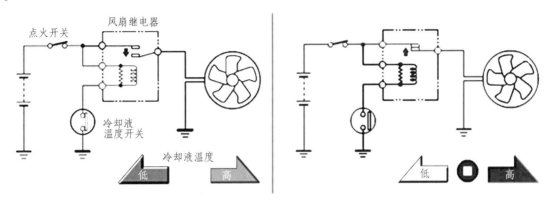

图 5-1-16 电子扇的运行状况

7. 无级式冷却风扇控制系统

为了更加精准地控制发动机的工作温度，目前较多车辆采用了基于目标冷却液温度的冷却风扇控制系统，该系统可以根据发动机的运转和车辆的运行情况，通过系统间的相互协调，实现冷却风扇的无级运转控制，使风扇的冷却效果与实际需求的冷却强度高度吻合。

该系统与传统的多级风扇转速控制系统相比，采用了全新的控制策略和失效保护策略，其控制功能更加精准和完善，结构和原理也更趋复杂。充分了解该系统的结构组成、控制电路和控制策略，可以使我们在对其相关故障进行诊断排除时更加得心应手。

（1）冷却风扇控制系统的结构组成及控制原理。

冷却风扇控制系统由传感器、控制单元和执行器组成。传感器主要包括发动机转速传感器、空气流量传感器、进气温度传感器、环境温度传感器、发动机出液口温度传感器、散热器出液口温度传感器、空调系统相关信号、车速信号等；控制单元包括发动机控制单元和冷却风扇控制单元；执行器主要包括两个冷却风扇。

两个冷却液温度传感器及两个冷却风扇在冷却管路中的安装位置如图 5-1-17 所示。发动机出液口温度传感器用于检测发动机的工作温度，散热器出液口温度传感器用于检测散热器的散热效果，这两个温度信号是控制冷却风扇转速的基础信息。

冷却风扇控制系统对冷却风扇转速的控制由目标冷却液温度控制和风扇转速控制两部分组成。

（2）目标冷却液温度控制策略。

在发动机控制单元内存储了两个目标冷却液温度的特性曲线图。

第一个目标冷却液温度特性曲线图反映目标冷却液温度与发动机负荷（进气量）和发动机转速之间的关系，其中发动机负荷是影响目标冷却液温度的主要因素。目标冷却液温度必须与发动机负荷一致，合适的冷却液温度能提高发动机性能。部分负荷时发动机温度（95～105 ℃）高一些，有利于发动机提高性能，降低油耗和有害物质排放；全负荷时温度（85～95 ℃）低一些，以减少对进气的加热作用，从而增加动力输出，利于功率的提高。

第二个特性曲线图反映目标冷却液温度与车速和外界温度之间的关系。利用该特性曲线可以有效修正冷却液温度传感器检测到的冷却液温度与发动机水套处的冷却液温度之间的差异。在高温环境（如热带沙漠）低速行驶与在低温环境（如东北的冬季）高速行驶，可能冷却液温度传感器检测到的温度是一样，但发动机水套处和发动机室的温度却是不同的，低温高速行驶时冷却液温度传感器检测到的温度要比发动机真实的工作温度低得多，而高温低速行驶时则正好相反。所以在计算出目标冷却液温度时，要利用检测到的车速和外界温度进行适当修正，一般来说，车速越高或外界温度越低，目标冷却液温度要适当降低 2 ~ 5 ℃。

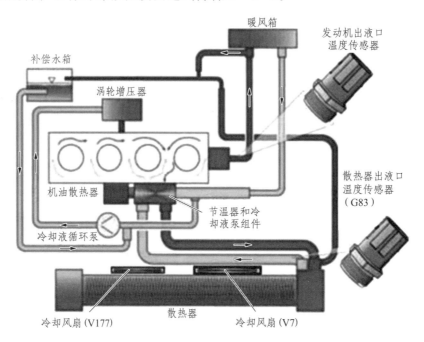

图 5-1-17　冷却风扇控制结构图

发动机控制单元对比两个特性曲线图，取最低值来控制冷却风扇的工作。当发动机的冷却液温度超过目标温度后，冷却风扇就开始工作。一般情况下，在正常工况时该目标冷却液温度约为 93 ℃，即冷却液温度达到 93 ℃后冷却风扇开始工作。

（3）冷却风扇转速控制策略。

冷却风扇转速控制的目的是使实际冷却液温度更加接近目标冷却液温度。与目标冷却液温度一样，在发动机控制单元内也存储了两个冷却风扇转速特性曲线。

冷却风扇特性曲线 1 反映冷却风扇转速与车速和目标冷却液温度之间的关系。车速越低，自然风越小，冷却风扇转速相应就要高些；反之车速越高，自然风的冷却效果就越好，冷却风扇转速相应就低些。一般当车速超过 100 km/h 时，冷却风扇就不需要运转了。

冷却风扇特性曲线 2 反映冷却风扇转速与两个冷却液温度传感器检测数据的差值和目标冷却液温度之间的关系。当发动机出口冷却液温度传感器检测到的冷却液温度数值在正常范围，但散热器出口冷却液温度传感器检测到冷却液温度较低时，说明散热器温度不高，冷却风扇工作的作用不大，因此应降低冷却风扇转速。当发动机出液口冷却液温度传感器检测到冷却液温度较高（已高出正常值范围），但如果散热器出口冷却液温度传感器检测到冷却液温度还较低，就说明节温器有故障，此时为保护发动机而需要控制冷却风扇高速运转。

此外，冷却风扇的运转与否及转速高低还要根据空调系统的需要进行控制，风扇控制策略如图 5-1-18 所示。

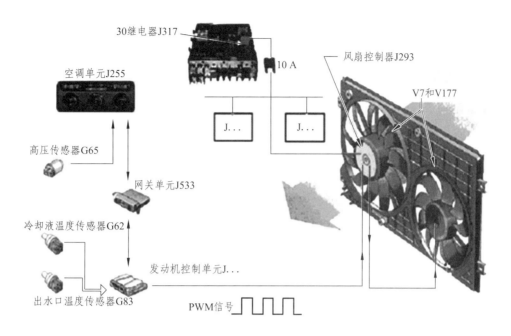

30继电器J317

空调单元J255

10 A

风扇控制器J293

V7和V177

高压传感器G65

网关单元J533

冷却液温度传感器G62

发动机控制单元J...

出水口温度传感器G83

PWM信号

图 5-1-18　风扇控制策略

（4）冷却风扇控制方式及其电路在冷却风扇控制系统中，冷却风扇的具体运转情况是由发动机控制单元通过冷却风扇控制单元利用占空比（PWM）形式进行精准控制的，具体控制原理电路如图 5-1-19 所示。

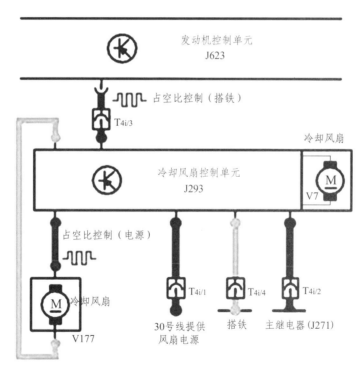

发动机控制单元
J623

占空比控制（搭铁）

T4i/3

冷却风扇

冷却风扇控制单元
J293

V7

占空比控制（电源）

冷却风扇

T4i/1　　T4i/4　　T4i/2

V177

30号线提供　　搭铁　　主继电器（J271）
风扇电源

图 5-1-19　冷却风扇控制电路图

发动机控制单元根据各个传感器提供的信号，利用内部存储的目标冷却液温度特性曲线和冷却风扇转速特性曲线计算出最佳的冷却风扇运转转速，并将冷却风扇转速数据转换成占空比数据，然后向冷却风扇控制单元发出 PWM 信号，冷却风扇控制单元根据接收到的发动机控制单元占空比信号再通过占空比控制两个风扇以一定的转速运转。

正常情况下，发动机控制单元向冷却风扇控制单元发出的占空比控制信号为 10% ~ 90%，当冷却风扇控制单元接收到此区间的占空比信号时，就会根据占空比的大小，控制冷却风扇的转速。

为了防止发动机控制单元产生的 PWM 信号线对地或电源短路，当冷却风扇控制单元检测到 PWM 信号是 0 V 或 12 V 时，冷却风扇控制单元会控制风扇以最高速常转。

冷却风扇控制单元的工作电源由发动机控制单元的供电继电器（J271）供给。冷却风扇的工作电源由 30 号常火线提供。

当点火开关关闭后，发动机控制单元仍能工作。当发动机控制单元检测到冷却液温度过高而需要降温时，向冷却风扇控制单元发出 PWM 信号，冷却风扇控制单元仍可继续工作。

8．占空比

（1）定义：占空比（Duty Ratio）是指高电平在一个周期之内所占的时间比率。方波的占空比为 50%（0.5），说明正电平所占时间为 0.5 个周期，如图 5-1-20 所示。

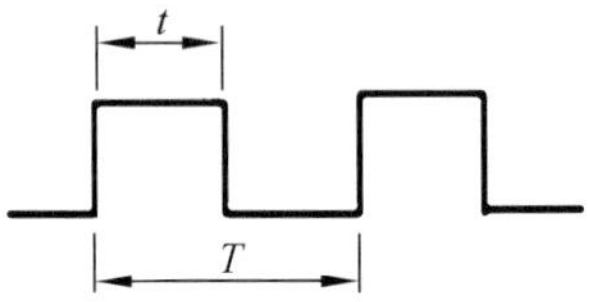

（2）举例：所谓占空比，是指压缩机持续开启时间与控制周期之比。在确定占空比时，必须满足压缩机两次开启时间间隔大于制冷系统高低压侧平衡所需的最小时间。

$$占空比 = \frac{t}{T} \times 100\%$$

图 5-1-20　占空比

（3）应用：现代汽车的控制精度越来越高，特别是在电控系统中，以前所采用的一些普通的开关式执行器已经不能满足现代轿车的控制要求，如 EGR 系统、怠速控制系统、燃油蒸发控制系统等。准确地说，占空比控制应该称为电控脉宽调制（Pulse Width Modulation，PWM）技术，它是通过电子控制装置对加在工作执行元件上一定频率的电压信号进行脉冲宽度的调制，以实现对所控制的执行元件工作状态精确、连续地控制。那为什么我们又将电控脉宽调制技术称作占空比控制技术呢？事实上，占空比是对电控脉宽调制的引申说明，占空比实质上是指受控制的电路被接通的时间占整个电路工作周期的百分比。

9．电子扇电路分析

分析图 5-1-21，可得出以下结果：

（1）继电器工作状态，如表 5-1-5 所示

表 5-1-5　继电器和开关状态

工作状态	继电器状态			压力开关或水温开关状态
	1 号	2 号	3 号	
散热器风扇低速	工作	工作	工作	常闭
散热器风扇高速	不工作	不工作	不工作	断开

（2）冷凝器风扇高速工作路径。

IG 电源→30 A 冷凝风扇保险→冷凝风扇电机→2 号风扇继电器常闭触点（30-87a）→接地。

（3）散热器风扇低速工作路径。

IG 电源→30 A 冷凝风扇保险→冷凝风扇电机→2 号风扇继电器常开触点（30-87）→3 号风扇继电器 30-87→散热风扇电机→接地。

（4）继电器工作路径。

1 号路径：IG 电源→15 A 保险→1 号继电器 85-86→AC 开关→水温开关→接地。

2 号路径：IG 电源→15 A 保险→2 号继电器 85-86→AC 开关→水温开关→接地。

压缩机电磁离合器继电器→3 号继电器 85-86→接地。

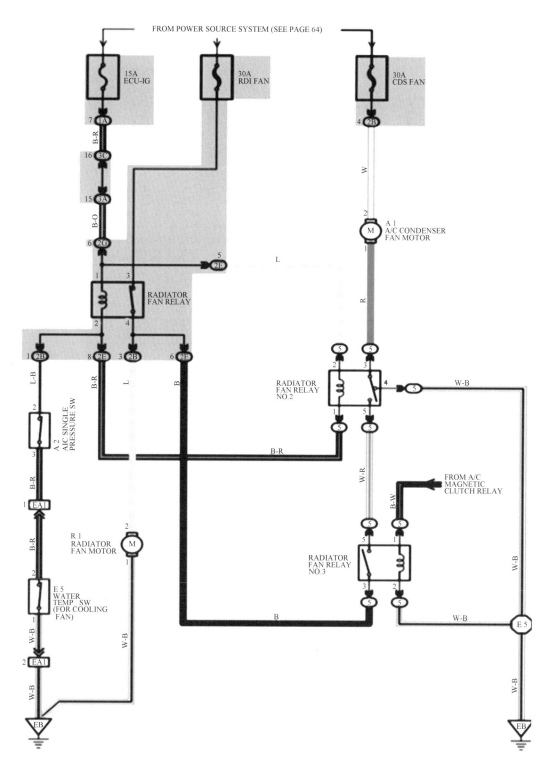

图 5-1-21 冷却风扇电路图举例

147

附　件

附件 1　维修工作单

维修工作单　　　　　　　市　　　　　　　汽车销售服务有限公司

REPAIR ORDER

地址：

电话：　　　　　　　　　　　　　传真：

NO：　　　　SA：　　　　接车时间：　　　　预交车时间：

客户名称		联 系 人		联系电话		联系地址	
车牌号码		车辆型号		购车日期		行驶里程	
发动机号		ＶＩＮ码				车辆颜色	

工作内容：

序号	维 修 项 目	项目类别	工时费	维修班组	维修技师	开工时间	完工时间
1							
2							
3							
4							
5							
6							

配件名称	数量	单位	单价	合计金额	领用人

工时费合计		材料费合计		服务顾问		客户确认	

＊根据使用情况更换，详见《保修手册》

外观确认：
（请在有缺陷部位作标识）

油量确认：
E　　　　F

用户其他需求：

划痕—H
掉漆—D
凹陷—A
裂纹—L
锈蚀—X
破损—P

洗车	□是	□否
旧件交还	□是	□否
贵重物品	□有	□无

•贵重物品：在车辆进厂维修之前，请将车内贵重物品自行保管

1．车内贵重物品请客户自行带走，如有遗失，本厂概不负责；

2．车主同意上述维修项目，授权本厂对无法修复零件予以更换；

3．客户自带配件与客户要求更换副厂件的，本厂恕不负责质量保修

完工检验	检验结果：
	处理意见：
	质检员：

注：此单一式三联，服务顾问（SA）、车间主任、车间班组各执一联。

附件 2　结构图评价表

_____结构图评价表

评价组：第____组　　日期：_____年____月____日

评价指标		评价要点	机电一组	机电二组	机电三组	机电四组	机电五组	机电六组
专业知识	系统部件	正确性、完整性						
	元件名称	正确性、完整性						
	元件代码	正确性、完整性						
	元件外形	形象性、逼真性						
	输入信号	正确性、完整性						
	输出信号	正确性、完整性						
方案能力	版面布局	空间合理、版面整洁						
	色彩线条	对比鲜明、粗细合理						
	文字书写	工整、艺术性						
展示能力	仪容仪表	端庄、自然、精神饱满						
	条理性	主题明确、条理清晰						
	语言表达	吐字清晰、声音洪亮						
	肢体动作	面向观众、动作合理						
创新性	电路图绘制	文字、背景、色彩、素养具有独特性，有视觉美感						
	展示、答疑	仪表、神态等肢体语言别具一格，具有感染力						
	过程管控	优化人员组织、过程管控有新思路（含诊断、团队协作）						
团队合作	工作计划	合理性、可执行性						
	工作进程	交流沟通，团结协作						
	工作效果	保质保量，按时完成						
7S 管理	安全	意识强，无隐患，无事故						
	节约	维修报价、资料器材等使用合理						
	整理、整顿	工具、零件、油水三不落地						
	清扫、清洁	实训台架、工作台、工具零件干净整洁						
	素养	工作单规范填写，零件、工具、材料整齐归位，实时进行 7S 管理						
合计								
备注	评分要求：优 8~10；良 5~7；中 3~4；差 0~2							

附件 3 电路图评价表

评价组：第___组　　　日期：_____年___月___日

评价指标		评价要点	机电一组	机电二组	机电三组	机电四组	机电五组	机电六组
专业知识	系统部件	正确性、完整性						
	元件名称	正确性、完整性						
	元件代码	正确性、完整性						
	内部结构	正确性、完整性						
	端子号码	正确性、完整性						
	导线颜色	正确性、完整性						
方案能力	版面布局	空间合理、版面整洁						
	色彩线条	对比鲜明、粗细合理						
	文字书写	工整、艺术性						
展示能力	仪容仪表	端庄、自然、精神饱满						
	条理性	主题明确、条理清晰						
	语言表达	吐字清晰、声音洪亮						
	肢体动作	朝向观众、动作合理						
创新性	电路图绘制	文字、背景、色彩、素养具有独特性，有视觉美感						
	展示、答疑	仪表、神态等肢体语言别具一格，具有感染力						
	过程管控	优化人员组织、过程管控有新思路（含诊断、团队协作）						
团队合作	工作计划	合理性、可执行性						
	工作进程	交流沟通，团结协作						
	工作效果	保质保量，按时完成						
7S 管理	安全	意识强，无隐患，无事故						
	节约	维修报价、资料器材等使用合理						
	整理、整顿	工具、零件、油水三不落地						
	清扫、清洁	实训台架、工作台、工具零件干净整洁						
	素养	工作单规范填写，零件、工具、材料整齐归位，实时进行 7S 管理						
合计								
备注		评分要求：优 8～10；良 5～7；中 3～4；差 0～2						

附件 4　故障排除评价表

＿＿＿＿＿＿＿＿＿＿＿＿＿＿故障排除评价表

评价组：第＿＿＿组　　　日期：＿＿＿＿＿＿年＿＿＿＿月＿＿＿＿日

评价指标		评价要点	机电一组	机电二组	机电三组	机电四组	机电五组	机电六组
PPT 制作能力	诊断思路	主题突出，遵循实际排除故障过程						
	视觉效果	素材真实、图文并茂、动画切换合理						
	文字背景	版面合适、文字突出、背景映衬效果好						
展示能力	仪容仪表	端庄、自然、精神饱满						
	条理性	主题明确、条理清晰						
	语言表达	吐字清晰、声音洪亮						
	肢体动作	面向观众、动作合理						
诊断能力	故障确认	正确、完整、规范						
	故障检测	正确选用工具，规范检测线路、元件						
	确定部位	描述专业、完整、规范						
	故障修复	恢复性能、安全节约						
	完工检验	性能检验、器件恢复						
创新性	PPT 制作	文字、背景、色彩、素材具有独特性，有视觉美感						
	展示、答疑	仪表、神态等肢体语言别具一格，具有感染力						
	过程管理	优化人员组织、过程管控有新思路（含诊断、团队协作）						
团队合作	工作计划	合理性、可执行性						
	工作进程	交流沟通，团结协作						
	工作效果	保质保量、按时完成						
7S 管理	安全	意识强，无隐患，无事故						
	节约	维修报价、资料器材等使用合理						
	整理、整顿	工具、零件、油水三不落地						
	清扫、清洁	实训台架、工作台、工具零件干净整洁						
	素养	工作单规范填写，零件、工具、材料整齐归位，实时进行 7S 管理						
合计								
备注	评分要求：优 8～10；良 5～7；中 3～4；差 0～2							

参考文献

[1] 谢兴景，豆红波. 汽车发动机控制系统检修一体化项目教程[M]. 上海：上海交通大学出版社，2016.

[2] 李鲲. 电控发动机原理与维修[M]. 济南：山东科学技术出版社，2010.

[3] 谭本忠. 看图学修汽车发动机电控系统[M]. 北京：机械工业出版社，2010.

[4] 宋作军，王玉华. 汽车发动机电控系统检修[M]. 北京：清华大学出版社，2010.